15000人のエリートを指導してわかった

装いの影響力

The Influence of Clothing

スーツ専門店「イルサルト」代表

末廣徳司

かんき出版

はじめに

オンライン時代にも通用する「仕事で勝てる服」をレクチャー

「見た目なんてどうでもいいよ。大事なのは中身だから」

そう言う方たちに、これまでたくさん出会ってきました。でも、そうした方々にお伝えしなくてはならない残酷な事実は、「大事なのは中身だ！」と言う方に限って中身が全然よくないということ。もちろん、見た目も残念な方が多い。

一方で「中身と同じくらい見た目は大事」と言う方々は、総じて中身も見た目もよいのです。正しく言えば、中身のよさが伝わるように身だしなみを整えているのです。

でも、こういう話をすると、「見栄えって、服選びのセンスでしょ。俺はセンスなんてないから、諦《あきら》めてるよ」と言われることも多いのです。

でも先に答えを言うと、**センスなんて全く関係ありませんし**、必要ありません。**誰もがわかる理屈（ロジック）のもとで、その通りに着こなせばいいだけ**なのです。それをお伝えするのが本書です。

これまでもそのような書籍はたくさん出ていましたが、「やることが多い」「お金と手間が膨大にかかる」「当たり前すぎて発見がない」など、何かしら物足りなさがありました。そこで私は、**誰もが簡単にできる**のは当然ですが、**知っているようで知らないことを、なるべく盛り込むことにした**のです。基礎をしっかり踏まえつつも、盲点となるところまで網羅しています。

今のコロナ禍の状況に完全対応させたのも大きな特徴でしょう。「テレワークが増えたから、スーツを着ることなんて減ったよ」という声も聞こえてきそうですが、確かにそうかもしれません。ただしオンラインでの商談や打ち合わせで勝てる服というのは、リアルで会う（実際に対面で会う）場合とは異なります。**画面で好印象となる上半身というのが存在する**のです。ノーネクタイのことも多いでしょう。ここでの服装も詳しく解説しています。

人と会うことが当たり前でなくなり、アポイントをとることも容易ではなくなってきました。本当に大事だと思ってもらえないと会ってもらえない……。つまり、リアルで会うという千載一遇といえるチャンスに、どんな服装で挑むのかは、いっそう重要となっているのです。

スーツ仕立て人として現役で活動し、なおかつ自分自身もスーツを着るビジネスマンという男性でもあるのが私ですが、このような立場の人が書いた本も案外少ないのが現状です。今現在のビジネスシーンの現場を熟知した私だからこそ知ったり感じたりしていることを、余すことなくお伝えします。

ここで簡単に自己紹介しますと、私は現在、日本で唯一の経営者専門スーツ仕立て屋「イルサルト」の代表を務めています。これまで**1万5000人を超える主に経営者のスーツを仕立ててきました。**経営者こそ各企業の顔として服装が非常に問われ、案件も大きなものばかり。そんな常に大勝負を戦ってきた経営者の皆さんが、ビジネスで勝てる服装を仕立ててきたのです。この経営者を膨大にサポートしてきた経験は、新人サラリーマンやクールビズやカジュアルな服装でも通用するものばかりです。

なぜ私がここまでできたのかというと、独立する前の修業によるところだと振り返っています。セレクトショップとして名高い**「ユナイテッドアローズ」時代は、業界を代表するファッションディレクターから直接学ぶ機会に恵まれました。大手アパレル「ワールド」時代は、1週間に5万点以上売り上げる大ヒット品番を連発させたこともあります。**

かくいう私も、服選びで人一倍苦労した暗い過去を持つ

このように私は、今でこそ服飾専門家として仕事をしていますが、**実は一時期は服を買うことが恐怖でしかなく、服選びには強いコンプレックスを抱いていた**のです。

しかも、父が婦人服専門店、祖父が紳士服小売店を経営するアパレル一家に生まれたにもかかわらず……。私こそ、服装に苦しめられ続けた闇の過去を持っているのです。自分の生い立ちを、少しお話ししますね。

幼い頃からファッションが身近にあり、様々な服や小物、ファッション雑誌に囲まれて育ったため、中学生の頃から自分で服を選ぶようになりました。当然、同世代の友だちの中では断トツのファッションセンスを持っていると思い込んでいました。

ところが高校一年生の初デートの日、最も自信のあった勝負服を着て待ち合わせ場所に行くと、彼女は私の目をじっと見て言いました。

「そんな格好でよぉ来られたなあ。その服、ホンマに自分で選んだん?」

そして、そんなダサい人と一緒に歩きたくないと、私は服でフラれたのです……。

ものすごいショックでした。アパレル一家の跡継ぎとして持っていた服に対する自信は粉々に砕け散り、この日を境に自分で服を選べなくなりました。

それればかりか、他の人たちも同じように自分をいつも見ているのではないか?と人と会うことが怖くなり、性格も暗くなり、イジメられるようになりました。上から2番目だった学校の成績も、下から3番目まで急降下です。

ところが、そんな最悪の状況を救ってくれたのが2歳上の姉。靴下《くつした》の色までも指定した全身コーディネート表を作り、親と相談して服を選んでくれるようになりました。そして**姉の指示通りの服を着た日から、人生が変わり始めました。**会う人が口をそろえて、服のことをホメるのです!

試しに自分で選んだ服を着ると何も言われない。その違いはよくわからなかったものの、ホメられることが自信となって誰とでも話せるようになり、日々の暮らしにも張りが出てきました。下から3番目だった成績は1年後にはダントツの1位になり、現役で第一志望の早稲田大学に合格します。

中高一貫の男子校に通っていたので、女性と触れる機会がすごく少なく、話すだけで緊張をしていたのですが、自信がついたせいか堂々と話すことができ、カラオケボックスなどで女子高の生徒をナンパできるまでにもなりました（笑）。

「服ってすごい！　人の気分や人生を変える力があるんだ……」

一度は服で打ちのめされた私でしたが、今度は服に救われたのです。

大学生の時には**ユナイテッドアローズ**でアルバイトを始めますが、服好きのお客様に応対できるほどの知識もなく、スーツの正しい着こなし方も知らず、流行の最先端のセレクトショップで働きながら「服のことを何も知らない自分」を思い知らされたのです。が、ここでも救世主が現れました。

当時はまだ店舗数も少なかったため、**業界を代表するファッションディレクターからファッションの基本についてじっくり学ぶことができた**のです。並行して、世界中から届く高感度のファッションに毎日触れる中で、服の専門知識を身につけていきました。今でも大切にしているユナイテッドアローズでの教えは例えば次のようなもので、今の仕事にも活きています。

- 「オシャレなファッション」と「ビジネスで勝てるファッション」は違う
- 体に合ったスーツを選ぶのではなく、体をスーツに合わせると美しくなる
- 着ている服には教養が現れる。すべてのデザインには歴史と意味が込められている

大学卒業後は**アパレル大手のワールドに入社し、大ヒット品番を連発したり、中国でのブランド立上げにも参画**したりしました。

１万５０００人以上のエリートの服を仕立てた経験を総動員

10年間の勤務を経て、32歳で家業の婦人服専門店に戻りました。でもここで、大失態を演じます。ワールド流のマーケティング手法を持ち込んで業務改革を始めたものの売上が激減し、社員からは無視され、ストレスから出社できなくなるところまで追い込まれます。

その後、売上以上に顧客との信頼関係が大事だと気づき、37歳の時に「出張型スーツ仕立て屋」を始め、やがて「経営者の見栄えがよくなれば、会社の業績は向上する」をうたい文句に「日本で唯一の経営者専門スーツ仕立て屋」を立ち上げたのです。

まさに「服に翻弄《ほんろう》されてきた」ような半生です。でもそのおかげで、服の持つ本当の力を知ることができました。それは「服は未来の理想の自分になるための魔法のツール」だということ。

私はこれまでの12年間で、企業経営者を中心に、政治家、医師、作家、講演家、士業、芸能人、スポーツ選手など**１万５０００名を超えるお客様のスーツを仕立ててきました。**

その間、一貫してお伝えしてきた服選びのポイントは
「今の自分に似合う服を着ない」

「理想の自分に似合った服を着る」

ということ。

今似合う服を着るのは「現状維持の人生」を意味します。でも、理想の自分に似合った服を着るのは「自分史上最高の見栄え」に向かうポジティブな服選びなのです。その見栄えに近づくことで、**あなたが持っている可能性や価値、魅力が最大限に発揮され、人生が劇的に変化していく**のです。事実、お客様からは、

「着るたびに自分の中の何かが活性化して、仕事に推進力を与えてくれるのを感じます」

「プレゼン大会で優勝し、テレビのコメンテーターが決まった！」

「はるか格上の方に会う時も、装いから生まれる自信が、怯《ひる》む心を後押ししてくれる」

「企業、行政、大学、大使館などからの講演や、メディアへの出演依頼が激増した」

「ほぼすべてが第一印象で決まる生命保険外交員の仕事で、服が私の価値を語ってくれる」

といった声を多数いただいています。

本書では、服の持つ本当の力を引き出す視点と具体的手法を紹介しています。言葉を換えれば「ビジネスで成功する見栄えを作る服選び術」の案内です。

人は見栄えを変えることで必ず変われます、しかも劇的に。そして、見栄えが変わった瞬間、あなたは「未来のなりたい自分」に変身できるのです。あなたの新しい見栄えはビジネスを加速させ、より豊かな人生を送れるようになります。

本書がその一助になれば幸いです。

2021年9月

末廣徳司

目次

CHAPTER 2

勝てる服で人生を変えた人たち

ウソのようで本当にあった……、夢と希望が実現した4人の物語

CHAPTER 3

勝てる服、負ける服はズバリこれ！

つまらないところで減点評価されないために……、今日からすぐにできること

1 勝つための服のサイズ

4 勝つための着こなし方

5 勝つための服の〝育て〟方

CHAPTER 4
攻めの姿勢を崩さない服の定石
服の持つ力を武器にして、将来なりたい自分への切符を手に入れろ！

装丁デザイン　竹内雄二
本文デザイン・DTP　荒木香樹
写真撮影　前田紘平 (photography office Discovery)
衣装協力　Vincenzo Caccioppoli
校　正　滝田 恵
企画協力　ブックオリティ

CHAPTER 1

「オシャレ＝仕事で勝てる服」ではない

服装選び、着こなしの実践の前に、
全員が必ず知っておきたい考え方

「オシャレファッション」と「ビジネスファッション」は全然別物

今はおかげさまで多くのエリートと呼ばれるお客様に恵まれながらスーツ仕立て屋の仕事をしていますが、仕立て屋として独立して間もない頃は、しばらくは経営も決してうまくいっていませんでした。

アップルで代表を務めていた**スティーブ・ジョブズ氏が、なぜいつも同じ格好をしていたのか？**　ここを深掘りしていくことで、私の仕立てるスーツに決定的に足りていないものが見えてきたのです。それは**「ビジネスとしてのファッションの概念」**でした。

アパレル業界で働き、商品企画をしていた私が、商品開発する時に常に考えていたことは、「いかにお客様をオシャレにするか」「今年のトレンドを感じさせるか」、そういったことばかりでした。

ある時、税理士のお客様にこんなことを言われます。「オシャレかどうかやどこのブランドかなんて、私にとって全く重要ではないのです。そんなことよりも、私を信頼のおける税理士に見える身なりに整えてもらえませんか」。

えっ……?? 言われた瞬間、耳を疑いました。オシャレやトレンドこそ、服に最も求められるものだと思っていたから。「そんなこと」と軽くあしらった上に、「必要ない」とまで言い切る人がこの世に存在することに驚きました。

でもまだ、私の中ではしっくりこなかったのも事実。この税理士さんが、かなり例外的な人なのだろうと思っていました。

ただ、心の中でずっとモヤモヤもしていたので、何人かのお客様に聞いてみました。「オシャレと思われるのと、キチンとしていると思われるのではどちらがいいですか？」と。すると返ってきた答えは「キチンとしていると思われたい」という答えが圧倒的に多かったのです……。

ちょうどその頃、ジョブズ氏が帰らぬ人となります。彼のトレードマークといえば、黒いタートルネックにデニム。すぐに思い出せる方も多いのではないでしょうか。ある時から、メディア出演や新商品発表では必ず、この装いで登場するようになりました。

服飾を生業《なりわい》にしている私からすると、すごく不思議でした。そこでジョブズ氏に関する本をいろいろと読むことに。すると、常に同じ装いをしている理由がわかってきたのです。

理由は二つありました。一つ目の理由は、服のことを考えたくなかったこと。経営者の主な仕事は「決めること」。次から次へと判断しないといけないのが経営者の役目ですが、ジョブズ氏は次のように割り切ったのです。「決めなきゃいけないことを一つでも減らしたい。着る服を毎朝決める時間こそ、もったいない。服を決める時間を0にする最も簡単な方法は、毎日同じ服を着ることだ」。合理的な判断を好むジョブズ氏らしい考え方です。

では、毎日同じとなると、どんな服を着るのか？　ここでジョブズ氏が考えたのは、アップルの顔としてふさわしい服。アップル製品の特徴は、シンプルで無駄がないこと。こうしたことを装いでも表現しようと導き出した答えが「黒タートル&デニム」だったのです。企業の顔としてのふさわしい服選び、これが二つ目の理由です。

例えばですが、ジョブズ氏がスーツ、アロハシャツ、黒タートルといろんな服装をしていたら、どうだったのでしょうか。これほどまでに強いアップルの企業ブランドは、出来上がっていなかったはずです。

ジョブズ氏亡きあとのアップルのトップはティム・クック氏ですが、ティム・クック氏もメディアに出る時には黒いシャツを着ています。黒タートルが黒シャツに変わってはいますが、シンプルで無駄がなくアップルのコーポレートカラーをイメージさせるものという意味では、全く変わりはありません。

ジョブズ氏の黒タートルもクック氏の黒シャツも「オシャレかどうか？」で考えてみると、人によって判断は異なります。しかし、「ブランドになりそうか？（覚えてもらいやすいか？とも言い換えられる）」や「会社のメッセージを伝えているか？」の視点で考えれば、多くの方は首をタテに振るはずです。

税理士さんからの一言、ジョブズ氏を調べたことで、ビジネスとしてのファッションの概念がわかってきました。実は**ファッションには次の2種類があるのです。**

1）オシャレファッション
2）ビジネスファッション

1）オシャレファッションは、自分のためにするもの。ファッション雑誌に載っているのは、ほぼこちら。ファッションをとにかく楽しみ、着たことのないような色やカタチにチャレンジし、新しい自分に出会う喜びを感じたりしつつ、自分の満足をとことん追求するのが目的です。

2）ビジネスファッションは、相手のためにするもの。ＴＰＯ（時と場所と場合）をわきまえて、周囲を不快な気持ちにさせることがないようルールを守る身だしなみや、自分が何者であるのかを、相手にわかりやすく伝えるのが目的です。

私も以前はそうでしたが、**この2つがゴチャゴチャになっている方が多い。**ビジネスファッションがよくて、オシャレファッションが悪いとかではありません。ファッションには2つの種類があり、そのどちらが優先される場面なのかを見極めることが大切なのです。

例えば葬式にＴシャツで行く人は、まずいないですよね。それは葬式という場面のＴＰＯがわかりやすいからです。しかしビジネスにおいては、どのようなＴＰＯなのかがわかりにくい場面も多いため、ＴＰＯをないがしろにしがちです。

また、以前であればビジネス＝スーツを着るのが常識とされていましたが、今ではその常識も大きく変化をしてきて、スーツでなくても問題がない場面も増えてきました。「何を着るかは自分で決めてね」と言われた瞬間、何を着たらいいのかがわからなくなるのです。結果として、ビジネスファッションが優先される場面にオシャレファッションを気づかないうちに取り込んでしまい、失敗している人も散見されます。

ジョブズ氏は「オシャレですね！」と言われたことは恐らく、ほとんどないでしょう。ただ、**ビジネスファッションでは、オシャレである必要はない**のです。

オシャレファッションをビジネスファッションに持ち込む弊害は、他にもあります。オシャレはあくまでその日の気分で着ることも多いのですが、ビジネスファッションでの正解は、自分が何者であるのかを正確に伝えることにあります。

服が変わると、相手に伝えるメッセージが変わるわけですから、相手には何も伝わらなくなってしまうこともあるのです。

さらに追い打ちをかけることを申し上げますと、言っていることがコロコロ変わる人って、信頼できませんし、仕事こそ一緒にしたくないですよね？　服装を変えることで伝えていることも変わるわけですから、信頼を失うことにつながる可能性もありうるわけです。

「肝心なのは中身だ！」と言う人に限って、中身が全然よくない

突然ですが、電化製品を買おうとしている時、迷っていたら誰に聞きますか？

1）家電量販店の店員さん
2）ネットの口コミサイト
3）その製品に詳しい友人知人

以前であれば1）しかありませんでした。安くて品揃えが豊富なお店の店員さんに聞いて買うのが当たり前でしたが、今や時代は変化し選択肢が増えています。3）の人は、今や多いのではないでしょうか。以前から友人知人に聞くことはできましたが、今はメールやLINEですぐに手軽に聞けてしまいます。

というのも店員さんだと、売りたい商品を勧められそうだから。ネットの口コミは、誰が書いているのかわからず、その人と自分が同じ状況とは限りません。ステマのような投稿も多いので、参考程度くらいにはしますが決定材料にはなりえません。でも友人知人なら、どんな人なのかはわかりますし、売りたい商品を勧めてくることはまずありません。

何が言いたいのかというと、信頼する人が言うことを重要視する人が増えているということ。ソーシャルメディアの発達で、その傾向が強まってきています。友人知人を超えて、全く面識のないインフルエンサーに従う人もいっそう増えてきました。

ここから読み解けるのは、経営者、サラリーマン、フリーランスのどれであろうが、**ビジネスを成功させるためには「信用される人」になることが非常に大事になってきている**という現実。

信頼を勝ち取るには中身ももちろんですが、見た目もすごく重要です。詳しく言えば、**中身の価値を正確に伝える見た目に整えることが大切**なのです。

自分がお客様の立場になればわかりやすいのですが、タバコのニオイや口臭をプンプンさせた営業マンが目の前に現れたらどうですか？　そんな身なりの人が勧める商品がいいものとは考えられないと、多くの方は感じるはずです。たとえ、知識が多くて分析力に長けていたとしても。

相手が見た目であきれていても、気づいていないのは本人だけ。そんなことは珍しくありません。

だらしのない身なりでなくとも、これといった特徴のないどこにでもいそうなスーツ姿の営業マンだったとしたら、どうでしょう？　時間が経つにつれて、記憶が薄くなっていくはずです。それこそ本人たちは、「商品やサービスで勝負だ！」と思っているかもしれないのですが、商品とサービスだけで勝負できる時代はとっくに終わっているのです。

これからの時代は「商品＋サービス**＋人**」に、**いっそう向かっていきます。**商品やサービスも確かに重要ですが、「どんな人が取り扱っているのか？」もとても重要。人を判断する第一関門こそ、身なりなのです。**「外見こそ一番外側の中身である」**という認識を持っておかないと、勝負の舞台にすら立たせてもらえないのが現実なのです。

ということは、戦略的に見た目を整えることで、大きなアドバンテージを作ることができるのです。

「見た目なんてどうでもいいんだよ。大事なのは中身だ！」と考えている人がまだまだいて、今まで実際にたくさん会ってきたのですが、残念ながら**そういう人に限って中身が全然たいしたことがありませんでした。**服なんて家族の買ってきたもので十分という方もいますが、これもまた思考が停止している状態。

今までは大きな組織の一員であるほど安泰《あんたい》でしたが、今後はどんな企業もいつ倒産してもおかしくない時代です。組織に頼らず、いつ一人身になっても戦っていけるよう自己ブランディングしておくことが求められます。そこで見た目が、大きく関係するのです。

「今の自分」ではなく「理想の将来の自分」に合う服を選べ

仮に今が人生最高の状態でこれ以上何も望むものがない状態なら、今の自分に似合う服を選んでも何の問題もありません。ではなく、もっと仕事を成功させたい！というのであれば、**未来の自分にふさわしい服を選ぶべき**なのです。

ここで実際に、理想の姿を思い描いてみましょう。役員になっているのが理想の方もいれば、部長くらいで満足する方もいるかもしれません。自分で事業を立ち上げて経営者として活躍するのを夢見る方もいるでしょう。「その時の自分は、どんな服装をしているのか」をイメージしてみてください。今のあなたと同じ服を着ていましたか？

仮に今、よれかかったジャケット、折れ線の消えたスラックス、底のすり減った靴を履《は》いていたとしたら、すぐに考え直してください。今身につけているものが、今、そして将来のあなたを作るのです。

身につけているものとは、服だけではありません。所作、言葉遣い、考え方などすべてです。これらが今、そして将来のあなたを作るのです。ビジネスを輝かせるには、全部をレベルアップさせる必要があります。

そこで**最も簡単な方法こそ、多くの人が意外に真剣に取り組んでいない服装選び**なのです。所作や言葉遣いは、長年のクセで培われたものなので、そう簡単には変えられません(もちろん、変えられたら変えるべきですが)。

でも服装なら、本書に書かれた通りにそのまま実践すれば、今日からでも変えられるのです。オーダーメイドのスーツだとさすがに今日からは無理ですが(数週間待てばOKですけど)、靴やネクタイなら、今日からでも変えられます。

しかも、現在の自分に似合うかどうかで服選びをする人、好き嫌いで決めてしまう人、オシャレファッションとビジネスファッションが区別できない人がほとんど。つまり、ビジネスファッションの実行こそ多くの人が実践していないので、ブルーオーシャンとなります。

さらに言えば、**服装が変わることで、所作や言葉遣いまで変わるのは、よくあります。将来なりたい自分へなりきることで、緊張感が出て意識が変わるから**です。服を着るのではなく生き方をまとうという意識を持つと、日々の過ごし方も大きく変化していきます。

ビジネスファッションは、制服だと思え

「制服」と言われて、えっ⁇と思われた方がほとんどかもしれません。

制服の例で最もわかりやすいのが、警察官の制服でしょう。身につけるものは、非番（勤務時間外）の時は私服、勤務中は制服です。

非番ではタバコやお酒も堂々とたしなみ、スマホのゲームで遊ぶこともあるでしょう。でも勤務中は、警察官だとこんなことは絶対にできません。制服を身につけた瞬間に、警察官であることを意識し、それにふさわしい行動を意識して実行するわけです。

私服ではオシャレファッションを楽しむこともあれば、オシャレでなくても単なる寒暖

対策や、着ていてラクな服のことも多いでしょう。

一方で制服は、オシャレで着る人はいませんよね？（そういう感覚の人もゼロではないかもしれませんが……）。着ていてラクだったり寒暖対策でもなかったりも多いでしょう。そうではなく、「自分が何者であるかを示す」という意味合いで着ているはずです。

ビジネスファッションも、「自分が何者であるかを示す」ものですから、まさに制服と同じなのです。オシャレかどうか、今着ていてラクがどうかにとわられると、正しい選択ができなくなりますのでご注意を。

制服というのは、自分をどう見せるかに大きくかかわるわけですが、同時に、周囲からどう見られるのかにも大きく影響します。スーツを変えることで、Tシャツとデニムという私服から警察官の制服に変わるほどはさすがに変わりませんが、とはいえ、スーツを変えるだけで周囲からの見られ方は確実に変わります。本書にある通りに実践すれば、少なくとも……。

「服で見られ方を変える」を、私は**「服に語らせる」**と表現します。すると何が起きるかというと、あれやこれやとしゃべらなくても、自分の存在をアピールできるようになるのです。

実際にビジネスがうまくいっていない自信のない人ほど、たくさんの言葉を使います。まくしたてるようにしゃべるのは、自信のなさをごまかすためです。逆に**ビジネスがうまくいっていて自信のある人ほど、一言で言い切ります。そしてさらにその言葉を後押しするのが外見なのです。オーラを感じる人がいますが、多くの場合、服に自分を語らせている**のです。

ブランド品に頼った時点で、「自分」というブランドは作れなくなる

有名ブランドショップであなたが手に入れられるのは、ビジネスが成功する自分の理想の装いではなく、そのブランドが思い描く世界観になることがほとんど。そこでの**主役は服であり、あなたは服を際立たせるための脇役にすぎない**のです。ですから、**上下から持ち物までブランド品で固める行為は、ビジネスファッションにおいては失敗の可能性大**となります。

とはいっても、「ブランドショップに行くな」とは言いません。高価なだけあり、洗練された製品も実際は多いですから。ただし、自分がどうなりたいのかを全く考えずに行ってしまうと、余計なものを買って身につけてしまう結果に終わるでしょう。

家を買う際に住宅展示場やモデルルームを見に行く時と同じです。どんな生活をしたいのかを思い描かずに行ってしまうと、オシャレに思うけど結局は使わなそうな設備にやたら惹かれてしまうこともあれば、全部同じに見えてしまうこともあるでしょう。理想のライフスタイルに合うという基準を持たないと、自分に合わない物件を買ってしまい、結果として大金を無駄遣いして終わることがあるのです。

もう一つ、覚えておいてほしいことがあります。それは**ブランドというのは薬にもなるが、毒にもなり得る**ということ。

「ブランド」という言葉の起源はそもそも、自分の牛と他人の牛をわかりやすく区別ができるように、牛にほどこした刻印だといわれています。つまり、他との違いを明らかにすることがブランドの本質といえます。

例えばクルマでいえばポルシェ、腕時計ならばフランクミュラー、スマホだとiPho

neは、一瞬見ただけですぐにわかります。こういった製品が、強いブランドをまとった商品なのです。強い世界観を持っているので、目立ちもします。**目立つ商品で身を固めると、服に着せられている状態になりがち**なのは、おわかりいただけましたよね？

実際に衣類やバッグやアクセサリーの場合、**ロゴが目立って入っているもの**も多く、これが周囲との区別をつける役目となっています。こうしたものは**ビジネスファッションでは全くオススメできません。**

なぜなら服が前に出すぎてしまうからで、こういった服はノイズにしかならないのです。ブランドである虎の威を借る狐と同じで、格好悪くもあります。

どうせブランド品を使うのであれば、立場が逆転しているくらいになるのが理想です。なかなか難しいですが。

SNSでフォロワーが多い人など「インフルエンサー」と呼ばれる人は、SNSで紹介した商品がファンにたくさん買われます。商品が何かであるよりも、インフルエンサーが紹介しているから買うという状態です。商品がブランド品である場合、人がブランド品の力を借りているのではなく、むしろ逆で、ブランド品が人の力を借りている状態になっています。

将来の自分の理想像をしっかり思い描いて、そのツールとしてブランド品が選ばれることもあるくらいにしたいですね。

女性に服選びを任せた瞬間、勝てる見た目は作れない

ビジネスファッションの服選びを女性に任せると、失敗しがちです。**特に次の3タイプ**のいずれかの女性と一緒だと、失敗の確率は非常に高くなります。

一つ目は、旦那さんや彼氏をとにかくオシャレにしたいタイプ。彼女たちの判断基準は「カワイイかどうか」。こういった女性は元々ファッションがすごく好きで、いろんなショップを見てまわり試着するのも苦痛ではありません。男性向けファッション雑誌にも積極的に目を通します。とにかく旦那さんや彼氏をオシャレにしたくて仕方がないのです。

カラーステッチが入っているスーツ、お尻が見えるくらい着丈が短いジャケット、派手な色や柄のワイシャツ、つま先がすごくとがっている靴、素足にローファーなど、イマド

キの若者が好みそうなアイテムばかりを男性に着せたがり、とにかく男性を「カワイく」したいのです。

でも冷静になって考えてみてほしいのですが、ビジネスシーンで「カワイイ」ことがトクになるシーンってないですよね？　知らず知らずのうちに軽く見られるようになり、信頼感を損なってしまいます。このタイプの女性は、男性よりかなり年下、なおかつ専業主婦の場合が多いです。

二つ目は、旦那さんや彼氏をとにかく無難にしたいタイプ。判断基準は「目立たないかどうか」。「仕事の服はとにかく普通のものを！」という考えなのか、変にオシャレをおぼえさせて他にオンナでも作ってきたら嫌だと警戒しているのかわかりませんが……、とにかく見た目を無難に無難にまとめたがるのです。春がきても、夏がきても、秋になっても、冬になっても、一年中ずーーーっと一緒。服だけを見ていたら、今はどの季節なのかが全くわかりません。

男性が少しでも派手なものに触れようとするだけで「無理！」の一言。でもこの無難というのは、すごく厄介なのです。何しろ「難が無い」と書いて「無難」ですから、個性も何もなく無味無臭。つまり、服が何も語っていない状態なのです。「自分はその他大勢と同じですよ！」とアピールしているとも見えます。これでは自分をブランド化することはできません。

このタイプは、旦那さんを尻に敷いているような奥さまによく見られます。

最後の三つ目は、旦那さんや彼氏の見た目に興味がないタイプ。何を聞いても「なんでもいい（から早くして）」です。ずっと横で聞いていると「いいんじゃない！」が次第に、「どうでもいいいんじゃない」と聞こえてきます。その女性が男性のことをきちんと見ているかどうかもかなり怪しいのですが、男性はその言葉がないと決めることができないのです。

さらに厄介なのが、奥さまは二つ目だけど、娘さんが一つ目とかいうように、**タイプがわかれる場合**です。奥さまはダンナさんを無難にしておきたいけど、娘さんはパパをとにかくカワイくしたい！という状態。目的が全く違うので、意見は合わずまとまることはあり得ません。「理想の将来の自分」どころの話ではなく、無難とカワイイが混在したわけのわからない服装になってしまうのです。

ここ一番の勝負服にしてしまうと、なぜ危険なのか

服に愛着を持つのはいいことですが、**勝負服や一張羅《いっちょうら》として身構えてしまうと、望まない結果に終わることが多々あります。**

実は私にも、そんな経験があるのです……。当時25歳だった私は、西麻布という東京都心の富裕層のエリアにある高級店で、生まれて初めてオーダーでスーツを仕立てました。重厚な作りで、冷やかしや一見さんお断り的な雰囲気漂う店です。

VIP待遇されたような接客を受け、ジャズが流れる店内でエスプレッソをいただきながら生地を選び、いろいろな仕様にこだわってスーツを仕立てました。スーツの価格は25万円近くしたのですが、急に大人の階段を上がったような感覚になり、スーツ自体の出来栄えも素晴らしく、その時に私はこう思ったのです。

「よし、このスーツは一張羅にして、ここぞという場面で着る勝負服にしよう！」

そう決めて「ここぞという場面」が来るタイミングを待ち構えていました。でも「もっ

と大事な場面はある！」「雨が降りそうだから、汚れるしやめとこうかな」と、そんなことをしているうちに年月だけが過ぎていき、15年間で着たのはたった3回でした。

15年も経つと、さすがにスーツのシルエット自体が古臭いものになってしまい、また私の体型も大きく変わってしまって、着ることができなくなり、服としての賞味期限が切れ、最後は捨てるしかなくなってしまいました。3回着て25万円ですから、1回着て8万円近くも払ってしまった計算になるのです……。

この出来事を振り返って気づいたことがあります。それは、どうでもいい日なんて一日もなく、毎日を「ここぞ！」という場面だと意識して常に全力を出し切るのが大事だということ。明日はもしかしたら死ぬかもしれないのです。**着る服で気分が上がって、仕事のパフォーマンスが上がり充実した一日を過ごせ、成果も出せるのだったら、いっそのこと毎日一張羅を着たほうがいい。**

また、服というのはここぞという場面にとっておくものではなくて、**日々着ることによって初めて着こなせるようになる**のです。

映画『007』シリーズで主役を張ったショーン・コネリー氏が、わかりやすい例でしょう。映画の中では、颯爽《さっそう》とタキシードを着こなし紳士的に振る舞う場面もありました。実は、映画撮影に入る前に監督はコネリー氏にタキシードを仕立てに行かせ、半年間は寝る時もタキシードを着るように指示を出したのです。狙いはたった一つ。タキシードを着こなせるようにするため。普段タキシードを着ていない人が、映画撮影の時だけ着たとしても着こなすことはできません。「着る」と「着こなす」は似ているようで全く違うのです。

車の運転だって普段からしていないと、危なっかしくなりますよね。それと同じです。結婚式の新郎のタキシード、就職活動の学生のスーツ、七五三の子どもの晴れ着、こうしたものも全部同じです。

普段から着ることに慣れていないと、着せられている感や何だか無理して頑張ってる感が漂ってしまいますし、貸衣装にすら見えてしまいます。

服は買えばすぐ着こなすことができるものではないのです。特にビジネスファッションはそう。**所作を自分のものにして、服を着こなすにはそれ相応の時間がかかります。**

以上から、〝ここ一番の〟勝負服はむしろ、勝負に〝負ける〟服となってしまいます。
勝負服は〝普段から着て〟初めて〝勝てる〟勝負服になり得ます。

CHAPTER 2

勝てる服で
人生を変えた人たち

ウソのようで本当にあった……、
夢と希望が実現した４人の物語

成績不振の医学生の成績を一気に上げた服とは？

このCHAPTER2では、今の自分でなく将来の自分から逆算した服を着て、実際に人生が大きく変わった事例をご紹介します。

服の持つ力はビジネスウエアに限ったことではないので、まずはビジネスウエアではない事例から入りますね。とある心療内科で実際に行われた話です。勉強の成績が上がらない医学部の学生に対し、成績を上げるためにした具体的な方法とは何だと思いますか？

私はこの答えを聞いてなるほどな〜と、深く納得ができました。

その答えは……、「学生たちに白衣を着せて勉強をさせた」。

白衣を着て勉強することで夢を強く意識するようになり、勉強に取り組む姿勢に大きく改善が見られ、成績が上がったのです。**これこそが服の持つ力の一つ「なりきり力」**です。

脳科学を以前に少し学んだことがあるのですが、そこで教わったことは**「現実なのか？」「妄想なのか？」の区別を、脳はできない**ということ。

スポーツ選手がよくやっている**イメージトレーニング**も、脳のこのクセを活かしたものです。「新記録を出す」「金メダルをとる」などの瞬間を、何回も何回も頭の中でイメージします。すると、心身ともにその実現に向いていくということです。

イメージをする時に大切なのは、五感すべてをフルに使って想像すること。見事に目標を達成した時には、「誰のどんな声が聞こえるのか？」「誰と抱き合っているのか？」「どんな匂いがするのか？」などを、あたかも**今現実に起きているかのように想像力豊かにイメージすることで、脳は勝手に動き始める**のです。

だから、白衣に着替えて勉強することが、すごく重要。普段着から白衣に着替えた瞬間、もう医師になっていると脳は勘違いします。また、白衣姿の自分を実際に見ることで「その気度」がいっそう高まるのです。

しかも**やる気と違って、その気というものは、なかなか消えません。**行動が変われば当然成果が変わるのです。

今似合う服ではなく、将来の理想の自分が見栄える服を着るのが大切なことを、わかりやすく示している好例といえましょう。

理想的な未来の自分の姿を目の当たりにすると、人は胸の鼓動が高鳴るような感覚を覚えるものです。自分の白衣姿を見た学生はドキドキし、胸の高まりがおさえられなくなったでしょう。

ビジネスマンも全く同じです。**今までどんな人生を歩んできたのかは、全然関係ありません。**大切なのは、今後の人生をどう歩みたいのか？　その人生を歩んでいるとしたら、何を着ているか？　そんなことをワクワクしながら考えてみましょう！　**服は今まだ出会えていない未来の理想の自分になるための魔法のツール**なのです。

本が5冊目まで決まる人気講師に育て上げた一着のスーツ

ここからは、私の周囲で、服で実際に人生を変えた方々をご紹介していきます。

「健康を企業文化に」を理念に、健康マネジメントスクールの代表をされ、企業・行政・大学で講師をされている水野雅浩さんも、見栄える服をまとうことで人生を大きく変えた一人です。

私が初めてお会いした頃の水野さんは、サラリーマンをしながら二足のわらじで健康経営の専門家としての人生を歩み始めていました。

初めてお会いしたのは、とあるコンテストの会場。そのコンテストとは、自分の知識を再現性の高いノウハウに変えて10分間で発表するもの。その当時から既に水野さんのメソッドは、非常に完成度が高いもので、素人の私が聞いてもそのすごさが伝わってくるものでした。

話し方は非常に情熱的、言葉ははっきりしていて抑揚《よくよう》があるので、どんどん惹き込まれていきます。水野さん自身の雰囲気もすごくハツラツとしていて健康そのもの。

この人すごいな……、コンテストでの優勝は間違いないなと思っていたのですが、なんと水野さんはここで優勝を逃してしまったのです。

コンテストが終わったあと、水野さんが私のところに来てこう言われました。「ノウハウには絶大な自信があります。話し方もトレーニングしています。ただ足りないと感じるのは、健康経営専門家としての見栄えなんです」。

その時の水野さんは、ネイビージャケットに白いシャツ、ノーネクタイというスタイルでした。組み合わせは全然ヘンではなく、清潔感も十分にあります。サイズも合っているので、何も悪くはないスタイリングなのです。

とはいえ確かに、**何か物足りなさを感じる**のです。

そこで水野さんにこう聞いてみました。「健康経営専門家として、お客様にどんな印象を与えたいですか？」。

すると水野さんは答えます。「まずは自分自身が健康であり、エネルギーに満ちあふれていること。あとは、健康経営のプロフェッショナルとしての圧倒的な存在感です」。

そこで水野さんの役割を**「健康経営で企業を発展させる成功請負人」**と決め、**成功請負人としての存在感やプライドを感じさせるネイビーのスリーピースに、生命のエネルギーを感じさせる赤のネクタイを合わせた装いを提案**しました。

ただ、水野さんにこの服装一式を渡してしばらくしてから、「どうでしたか？」と聞いてみると意外な返答が。

「このスーツは着ることができません」と言うのです。理由を聞くと、「今の私は何者でもありません。何の実績もありませんし。現状の自分と、私の未来の理想の姿を表したこのスーツに、あまりにも大きなギャップがあります。だからこのスーツを着ることができません」。

そこで私はこう言いました。「騙《だま》されたと思って、試しに一回着てください！」。

水野さんは躊躇《ちゅうちょ》したものの、とある講師の仕事をこのスーツで登壇《とうだん》されると、そこから人生が変わり始めました。そのセミナーの参加者からの紹介があり、**他の企業でのセミナーが決定**したのです、そこからはトントン拍子。企業のみならず**行政、大使館、海外の大学などからの講演や、メディアへの出演依頼とどんどんつながっていった**のです。

水野さんは元々中身が素晴らしい方なので、あとは見栄えを変えることでより価値が伝わりやすくなり、覚えてもらえるブランドに進化していくのです。強いブランドを持つためには、「顧客からどう見られたいか決めること」「内容、見た目、話し方の一貫性を作ること」が、重要なのです。

今では「健康マネジメントといえば、水野」「水野といえば、健康マネジメント」のブ

ランドが出来上がり、トヨタグループ、富士通、中外製薬と名だたる企業の社内研修の依頼が入るようになり、著書『グローバルで勝つ！　30代ビジネスマンの「太らない」「疲れない」7つの習慣』はアマゾン総合1位獲得。**本の出版はその後、5冊目まで決定**しました。

現在は、企業の業績を上げる健康経営の専門家として活躍しながら、進学塾では受験での「本番力を高める健康習慣」をテーマに、全国の塾の先生・受験生・保護者をオンラインセミナーで指導。健康を犠牲にしながら勉強しがちな受験生や保護者には、目からウロコと満足度9割を超え高い評価を受けています。

悪くなった社員との関係が回復し、右肩上がりの成長を続ける社長の服

名古屋市に本社を置き、工場や公共施設における電気設備工事の設計・施工に関するサービスを請け負う株式会社青電社の北原直樹社長は、装いを変えることで内面の大きな変化まで成し遂げたような方。お義父様が創業された会社の二代目社長として陣頭指揮を執られているのですが、**引き継いだあとに完全に作り変えたので、二代目社長というより**

は二代目創業者と呼べる存在です。

私が北原さんにお会いしたのは、今から7年前の2014年。愛知県岡崎市で定期的に開催しているオーダー受注会にいらっしゃったのがご縁のはじまりです。当時は社長になって3年ほど経った頃で、感じていることを明確な言葉で相手に伝え切る力のすごく強い方、というのが第一印象。私と同じ年齢にはとても思えない落ち着きと存在感も兼ね備えていました。

社長としてのテーマに掲げられていたのが「下請け脱却、元請けとしての地位確立」。元請けとの関係をよくしておけば、ある程度の仕事がもらいやすいのが下請けですが、北原さんはそれが絶対に嫌だったのです。仕事する以上、「青電社だからお願いしたい！」と言われるような仕事をしたい、技術力に自信を持っているからこそ元請けとして直接指名をしてもらいたい、そもそも仕事をもらうという感覚も嫌だ。そんなことを北原社長は抱いており、社員にも絶対持ってほしくないと願っていました。そんな強い想いから社員に厳しい言葉をかけることもあり、社員との関係が悪化したこともあるようです。

元々服にはさほど興味があるわけではなく、量販店のスーツでも十分と考えていた北原社長ですが、これも何かのご縁なのではと、イルサルトでスーツを仕立ててくださることになりました。

私の感じた北原社長の魅力は、「仕事の成果、質にこだわるプロフェッショナリズム」「すべてにおいて進化をやめない妥協なき姿勢」。そこで**北原さんの理想の自分像を「人財の可能性スイッチをONにし、電気とともに未来を灯す青電社総帥」とさせてもらいました。総帥たる自信を感じさせる濃紺スリーピース、人々の生活に欠かせない火=電気をイメージさせるワインレッドのネクタイ、電源を連想させるスイッチのカフリンクスで装いが完成します。**

着心地のよさやシルエットの美しさはすぐに感じてくださったようですが、他にも変化があったのです。それは北原社長自身の感性が磨かれ始めたこと。

それまでは服なんて全部一緒、着られたらそれでいいくらいの感覚で、服装にはあまり注意がいっていなかったようでした。でも理想の自分像を手に入れた瞬間に、まずは**自分自身の見え方や立ち居振る舞いを注意するようになり、次に他人の立ち居振る舞いや装いにも意識がいくように変化し始めた**のです。

株式会社

他人の身なりに注意がいくようになると逆に、「自分は他の人からどう見られているのだろうか？　またどう見られたいのだろう？」と、それまで意識しなかったようなことを考え出して、感性がどんどん鋭くなっていきました。

変化はそれだけでは終わりません。**「相手のため」という利他の心が強くなった**のです。そして、他人のよい部分もすごく見えるようになり、**社員など相手との関係性も良好になりました。**自分が変わることで、相手も変わることを実感しました。

そこで青電社の行動理念に「豊かな心を育む」を追加したのです。相手のために何ができるか？を考えることで人は一番成長でき、自分のことばかり考えている人はいつまでたっても成長できない、そんな意味を表しています。

この理念を抱いて実践し続けていると、「うちの会社には未来がある！」「大きな可能性を感じる」と社員の意識が大きく変わり始めました。

業績も右肩上がりの成長を続けています。「年齢に関係なく夢を持ち、夢の実現に向けて刺激しあえる会社」を社員と一緒に作っているのです。

テレビコメンテーターの仕事が舞い込んだジャケット

徳島県で自動車販売・整備の会社を経営しながら、人の可能性を引き出し、組織を活性化させるコンサルタントとしても活動されている西村博さん。理想の自分像を定期的にアップデートさせながら、ビジネスを加速させるのに成功した方です。

お父様が創業した西村自動車を継いで、傾いていた事業を立て直し、ようやく自走する組織を作って、経営に専念できる体制を構築した頃に、西村さんと出会いました。今から4年前の2017年のことです。ある日突然、私の携帯が鳴ります。

「来月までにボクの見栄え、何とかしてください!!!」

聞いてみると、西村さんはなんと7人の子どもをもつお父さん。「7人の子育てをする中で、自分が学んだ子育てのコツや奥さまとの家事分担の話をとある講演会ですることになったので、その衣装がいるんです」というお話でした。

「自動車販売の会社をしているので服選びは正直よくわからなくて、しかも共感してほしいのが小さな子どもを持つお母さんなので、お母さんたちにウケる服が何なのか考えるほどわからなくなって」とのこと。そこで西村さんにいろいろと聞いてみると、ポイントが見えてきました。

「基本的にはホメることを大事にしている」

「お母さんに受け入れられたい」

そこで西村さんの役割を**「日本初！　子ども7人ほめ育児中。ほめる子育てアドバイザー」と決め、女性に無理なく受け入れてもらうような親しみやすさを感じるネイビージャケットに、ネイビーを引き立てるグレースラックス、そして「ほめる」や「愛情」を連想させるオレンジのネクタイを合わせ、**理想の西村さんの装いが出来上がりました。

講演会は数名の登壇者がいて、どのお話が最も共感できたのかの順位をつけるものだったのですが、西村さんは会場にいるお母さんたちの心を鷲掴《わしづか》みし、**ぶっちぎりで優勝**されたのです。

この優勝は新聞・雑誌にも取り上げられ、一気に知名度も上がり、何とテレビ番組のレギュラーコメンテーターまで決まったのです。ただし、コメンテーターをする時の条件が

一つだけありました。それは**「紺ジャケット・グレースラックス・オレンジネクタイで出演すること」**。

まさに西村さんのトレードマークとして、メディアから認識をされたということです。このレギュラー番組獲得でさらにビジネスが加速、PTAからどんどん声のかかる**人気講師としての仕事が次々と舞い込んできた**のです。

思い通りの展開にすごく喜んでいるんだろうなあと思って西村さんに会ってみると、浮かない顔をされているのです。西村さんは口を開きました。

「お母さんだけだとダメなんです。お母さんに共感してもらうことを大事にしてきましたが、十分でないことがわかりました。家族みんながイキイキすることが大事なんです。会社も同じで、社員みんながイキイキとすることが大事。これからは、そんなお手伝いをしたいと思っているんです」

事情をもっと聞くと、西村さん自身が社員を信じられず、人間関係に苦労し、一人で躍《やっ》起《き》になって仕事をしたものの全くうまくいかなかった経験があったそうです。そこで、人のタイプに適した仕事の割り振りや声のかけ方をすることで組織が活性化できたので、そ

理想の自分像をアップデートさせた後に、新調したスーツを着る西村さん

のノウハウで今後は企業のサポートをしていきたいとのことでした。

そこで**理想の自分像をアップデートさせ、役割も変える**ことにしました。新しい役割は**「人と組織のミライを創造する商売繁盛請負人」**。西村さんの本質は、人それぞれの生きる場所を見つけるお手伝い。人材のタイプに適した配置や能力開発をすることで、人の可能性が花開き、結果的に組織として輝くことから、この役割に行きついたのです。

この役割のキーワードである**希望・品格・創造を印象づけるブルーのスリーピースに、西村さんのアイコンとしてのオレンジのネクタイは引き続き使用**しています。

現在は、ほめる文化を取り入れたことや、社員に権限移譲を進めたこと、そして西村さん自身が変化したことでできた自走する組織作りのノウハウを伝える活動をしています。企業向け講演やコンサルがどんどんと増え始め、数ヶ月先まで予約をとることのできない状況にまでなりました。

2種類の見栄えを使いわけ、ビジネスを加速させる

最後にご紹介する方は、2種類の見た目を目的に応じて使いわけながら、ビジネスを加速させている鈴木鋭智さん。

鈴木さんは、元々は予備校の人気講師。『何を書けばいいかわからない人のための 小論文のオキテ55』（KADOKAWA）をはじめとするベストセラーを何冊も出版され、NHKにも出演をされている問題解決の専門家です。鈴木さんとは2015年頃に、とある食事会で初めてお会いしました。ある日突然、鈴木さんからメッセージをいただきました。

「明後日までに『新しい見た目』が必要になりました。何とかなりませんか？」

何が起こったのか？と思って詳しく聞いてみると、

「今までは企業研修などのカタい仕事が多かったのですが、新たに『朝日小学生新聞』で連載をすることになりました。今使っているプロフィール写真は、企業研修用。正直言えば、大企業と同業者にナメられないようにという、いわば戦闘モードです。でもこれからは、伝える相手が小学生。この写真だとすごく違和感を覚えてしまいます。言ってること

と見た目のギャップが大きすぎて、正しく伝わらない気がするんです……」。

そこで鈴木さんの役割を考えてみました。今回の仕事は、小学生にプレゼン方法を教える『朝日小学生新聞』の連載。最近では入試にプレゼンがあり、その重要性が増しているようなのです。鈴木さん的プレゼンのポイントが

「一般常識や前例にとらわれない柔軟な考え方」
「答えは自分で作り出すというクセづけ」。

今までの価値観ではなく、誰かに答えを教えてもらうわけでもなく、自らの頭で考え、自ら動く大切さを小学生に届けるのが鈴木さんの役目です。この大切さを子どもとその親に伝えたい。

そこで今回の役割を**「考える力を育むアイデアおにいさん」**としました。役割のポイントは0・1秒で伝わるわかりやすさ。特に今回は対象が子どもなので、より直感的に伝えないといけません。歌のおにいさん、体操のおにいさんがいるように、「アイデアのおにいさん」となって、子供たちの考える力や創造力を育てるのがアイデアのおにいさんのミッションです。この役柄の衣装のポイントは次の3つ。

1）おにいさん感
2）親近感
3）シンプル

親子から共感され、ＮＨＫに出演していそうなイメージです。そこで、**親しみを感じさせる素材感あるネイビージャケットに、堅苦しさを消すためにネクタイは外してノーネクタイ**としました。

一方で、**従来の企業研修用の見栄えは、企業向けとしては完璧！　品格、重厚感、自信を感じさせます。**しかし子どもにしたら、重厚感とかはちょっと近寄りがたい雰囲気ですよね。

同じ一人の人間でも、見栄えを変えるとこれほどまでに雰囲気なり、そこから発せられるメッセージが変わるのです。誰に共感してもらいたいか？で自分の見栄えを整える、これはとても大事なことなのです。企業研修用の見栄えは隙を見せないための武装でしたが、小学生新聞用の見栄えは共感されるためのいわば丸腰です。

企業研修時に着る服装。
重厚感や自信を漂わせる
演出ができている

小学生向け新聞に登場する際のコーディネート。
親しみを感じさせるよう、
ノーネクタイにした

見栄えを変えて内面が変わったというより、仕事の変化に見栄えが追いついて、それぞれのシーンで違和感なく自信を持って立てるようになったほうが大きいと口にする鈴木さん。始まったばかりの小学生新聞ですが、きっと子どもたちや親御さんに共感され、人気ある先生になられることでしょう。これからが楽しみです！

CHAPTER 3

勝てる服、
負ける服はズバリこれ！

つまらないところで減点評価されないために……、
今日からすぐにできること

1

勝つための服のサイズ

着てラクなのは、むしろサイズが合っていない証拠

いよいよこのCHAPTER3からは、「実際にどう着こなすのがいいのか、逆にダメなのか」の具体的な方法に入っていきます。

まずは、「ビジネスで勝てる見栄え」を因数分解してみると次のようになります。

シルエット×コーディネート×コンディション

- **「シルエット」とは、服の色と形（形はサイズも含む）**
- **「コーディネート」とは、服の組み合わせ**
- **「コンディション」とは、服の状態**

この3要素で決まるのです。

見栄えとは、この3つの掛け算。ですから例えば、シルエットもコーディネートもいいのに、コンディションがよくないとすべて台無し。だらしなく見えてしまいます。どれが欠けてもいけなく、どれもが大事なファクターとなります。

ただし**最も重要なのがシルエット。中でも「サイズ感」というのは、ものすごく大切です。何しろ世の中のほとんどの方は、このサイズがとにかく合っていない**のですから。ジャストサイズよりも大きめの服を着てしまっています。

これには様々な原因があるのですが、**最も比重を占めるのが習慣。**

小さい頃の服選びって、どんな感じでしたか？　ご両親が子どもの服を選ぶ時に最初に考えることは、長い間着られること。子どもはどんどん成長し体も大きくなっていきますので、その時点でジャストサイズだとすぐに着られなくなります。そこで長い間着ようと思うと、大きめのサイズを選ぶほかありません。

そうやって幼少時代から大きめの服を着せられていたことが、いつの間にか自分の習慣になり、少し大きめのサイズが自分にとってのジャストサイズだと思い込んでしまっているのです。

でも**少し大きめの服って、服に着られているように見えて不格好**となります。

2番目の目立つ原因が、「着た感じ」と「見た感じ」には差があるのを知らないこと。

私がユナイテッドアローズで働き始めた頃の話です。スーツの知識がまるでない私に、当時の店長から「これがジャストサイズだからな」と渡されたスーツを着た時の窮屈《きゅうくつ》さは25年以上経った今でも忘れることができません。

「きついな、肩がすごく当たってる……。随分サイズが小さいんじゃないか？」というのが私の第一印象でした。しかし鏡で見たらサイズが合っているような気もするけど、正直よくわからなかったのです。しかしスーツについては素人だった私は、そのアドバイスをそのまま受け入れて着続けました。

すると、どんどんそのサイズ感に慣れてきて、最初は動きにくかったのが慣れて動きやすくなり、そのサイズのスーツを着た時だけはなぜか人からホメられるのです。その時にようやく、「着た感じ」と「見た感じ」には差があることを知りました。

ビジネスファッションとしては正解となるジャストサイズ着用時

大きすぎるサイズを着てしまった時。着ていてラクではあるが、仕事では勝ちにくくなってしまう

自分が着ていてラクなサイズは、他人からは大きく見えるのです、それが服というもの。着ていてラクなのはサイズが合っていない証拠。**ビジネスファッションを考える上では、着ていてラクかどうかは考えなくていい**のです。

逆にいえば、**サイズ感が合っているだけで、その他大勢から大きくリードできる**のです。

体に服を合わせるな。服に体を合わせろ！

もう一つ、服の概念を変えるお話をします。それは**体に服を合わせている限り、見栄えは一向によくならない**という事実。

がしかし、もし仮に今が江戸時代であれば、そんなことを考える必要はありません。令和の時代だからこそ、この概念を持たなければならないのです。

江戸時代は「和装」、令和時代は主に「洋装」ですが、和装を着る時を想像してみてください。帯や紐を巻いて引っ張って縛って体にフィットさせていくのが、和装の着方。元々の体型がどうであれ、その体型に合わせていくことができます。つまり、体に服を合わせていくのが和装の考え方なのです。

洋装の場合はどうでしょうか？　帯や紐はそもそもありません。ボタンはついていますが、留めるのが目的であって、締めるのが目的ではありません。**洋装の場合はそもそもの構造が、服に体を合わせていくようにできている**のです。

スーツのはじまりといえばイギリスですが、このイギリススーツの特徴といえば「きつめに仕立てられている肩幅」「小さめの襟幅《えりはば》」「タイトに絞られたウエスト」などの特徴が挙げられます。**タイトめに仕立てられている理由は、男性の体の力強さを際立たせるシルエットを作り出すのが目的**であること。イギリス紳士たちは、こういったタイトめのスーツを美しく着こなすために体を鍛《きた》えたのです。

ちなみに女性でも、同じ現象が起きています。コルセットをご存じですか？　コルセットとは腰の部分をギュウギュウに締めつけて、ウエストが細く見えるようにする下着。1900年頃のイギリスでは、いわゆる砂時計のような〝くびれ〟のある女性が美しいとされ、女性たちはウエストが細くなったドレスを着るために、コルセットを使って強制的に体を変えていったのです。

現代は洋装がグローバルスタンダード。洋装を着こなすことは、ビジネスマンのスキルともいえるのです。**体に服を合わせるという和装の考え方を持っている限り、いつまで経ってもスーツを着こなすことはできません。**

体に服を合わせるのでなく、服に体を合わせる。今日から、服の概念を変えてください。

体に合ったオーダースーツほど、見栄えが悪くなる!?

先日スーツが仕上がり、鏡の前に立ったお客様が、一言おっしゃいました。「えーっ、自分じゃないみたい！　やはりオーダーってすごいものなのですね……。体に合わせてスーツを仕立てると、シルエットがこんなにキレイになるのですか。感動しました！」。

私も嬉しくなって、「そうでしょ？　オーダーってすごいのです！　これからは全部オーダーにしてくださいね」と口に出かけたのですが、ギリギリで踏みとどまりました。

なぜなら、それは**「真っ赤なウソ」**だからです。

こんなに美しいシルエットに仕上がっているのは、スーツの力だけではありません。このお客様が普段から体を鍛えられていて、胸板が厚くお尻がキュッと上がっているからというのが真実。

そこで正直に、次のようにお話ししました。「こんなに美しくなった最大の要因は、オーダーでスーツを仕立てたからではなくて、○○さんの**体のラインがきれいだから**ですよ。普段からの鍛錬の結果です」。

見栄えが美しい服を着るためには、服の作りももちろん大事ですが、それだけでは十分ではありません。**どういった体型をしているのかが、すごく重要**なのです。

オーダーで服を仕立てれば、体に合った服が出来上がるもの。確かに体に合っている服は、着ていてラクなうえに疲れにくいのは間違いありません。でもそれが同時に見栄えも素晴らしいのかというと、そうとも限らないのです。

もし仮に西島秀俊さんや白洲次郎さんみたいな引き締まった体をしていて、その体に合わせて服を仕立てると、とんでもなく見栄えと着心地のよさを併せもった服が出来上がります。

一方で、ズングリムックリの人に合わせて服を仕立てるとどうでしょう。その人は着ていてラクでしょうが、見栄えのよさという点では微妙です。体型に忠実に服を仕立てていくと、お腹の出た人はお腹が出る。猫背の人は、猫背の姿勢でもシワがないようなシルエットに仕上がってしまうのです。もっと言えば、国会議員の先生が着ているスーツって高そうに見えますし、体にも合っている感じはしますよね。でも見栄えという視点ではどうでしょう。

見栄えのよさと着心地のよさは関係があるようでいて、実は相関関係は全くありません。着ていてラクだけを追求していくと、見栄えがすごく悪くなる可能性があることを肝に銘じておいてください。

小柄な人が大きめサイズを着ると、余計に小柄に見える

年齢よりも老けて見られることに悩んでいる、足が短くてスタイルがよくないことを悩んでいるなど、人には様々な**コンプレックス**があります。思春期なんて特に敏感になりま

すよね。私も昔から「頭が大きく、肩幅が狭い」というコンプレックスを持っています。
学生時代の制服の帽子の大きさは60センチくらいでしたが、同じくらいの身長の友人は56センチ程度。しかもこの頭の大きさを強調するかのように、肩幅も全くない。そんな私についたニックネームは「マッチ棒」……。嗚呼、子どものつけるニックネームはなんて残酷なんでしょう。さらには、狭い肩幅のせいでショルダーバッグがずりおちてきてしまうのです。見た目も悪く、実用性も欠いた私の体……。

異性からの目を非常に気にしていた高校時代、当時すごく人気のあったのが吉川晃司さんでした。吉川晃司さんといえば広い肩幅、分厚い胸板、そして小顔。三拍子そろっていますよね。

少しでも吉川さんに近づきたい私がとった方法は「母の肩パッド」を使うこと。私の家は洋服屋さんでしたので、肩パッドを手にいれることは朝飯前でした。そしてさっそく制服に肩パッドを入れてみたのですが、そもそも制服は肩パッドをいれる仕様にはなっていないので全く安定しないのです……。

そこで無理やり接着剤でつけてみました。一晩おいておくとなんとか固まったものの、

小柄な人が大きめサイズを着てしまった時の様子

素人が適当につけているのですごくいびつな形に。無理やり肩パッドを入れたことで、今度は肩幅が広く見えすぎて『北斗の拳』のケンシロウみたいになってしまったのです。小さな体に不釣りあいな広い肩幅で、余計に頭の大きさが目立つようになりました……。

隠そうとすればするほど、逆に目立ってしまうもの。例えば、小柄な人が体を少しでも大きく見せようとして大きめの服を着ると、服の中で体が泳いでいるような感じになってしまい、むしろ体は小さく見えてしまうものなのです。

正解は、逆をすること！　体を大きく見せたいのなら、少しコンパクトな服を着ましょう。そうすることで、体のラインが美しく堂々と見えるので、結果的に体は大きい感じに見えるのです。同じように、足が短いことに悩む人が丈が長いスラックスをはくと、余計に足は短く見えます。すべてで、同じ原理が働くのです。

ジャケットの丈を間違えると、女装に見える

和服を着てスニーカーを履いている外国人を見て「それはないだろう！」と思うように、

洋装先進国のイギリスやイタリアの人から見たら「おかしくない？」と奇異に映る日本人男性特有の着方があります。その原因の多くが「着丈」によるものです。

着丈とはジャケットの長さであり、首の後ろあたりから裾《すそ》の先までの長さを指します。実はこの長さには決まりがあるのです。

スーツは200年ほど前にイギリスで生まれたものなのですが、その長い歴史の中で様々な試行錯誤がされ、最もバランスがよく美しく見える黄金率が出来上がりました。もちろん時代によって多少の変化はありますが、基本的にはこのバランスは大きくは変わっていません。

着丈でいうと、お尻が半分以上隠れているのが最適の長さであり、これ以上長くても短くてもバランスを欠いてしまうものなのです。

しかし実際に街やオフィスにいるビジネスマンの着丈を見ると、この着丈は見事バラバラ。お尻が完全に見えてしまっている着丈の短すぎる若いビジネスマン、膝《ひざ》まであるのではないか？と思えるくらい着丈の長すぎる年配のビジネスマンなど。着丈が短すぎると非常に軽い印象になりますし、長すぎると野暮ったい印象になってしまいます。

着丈が短いと足の見える範囲が増え、足が長く見えると思っている方もいるのですが、そんなことはありません。スラックスを引っ張り上げ、むりやりハイウエストではいているかのようで滑稽《こっけい》に見えてしまいます。

逆に、長すぎる着丈は、胴の長さを強調するのでスタイルが悪く見えてしまうのです。ファッションに大切なのは、バランス。目立ったり個性を出したかったり何かのイベントでの集まりなら許されますが、仕事で成功するためのビジネスファッションの場合は、バランスは絶対に注意してください。

以前、イタリア人が真剣な顔をして、次のように聞いてきたことがあります。

「日本では、女装が流行っているのか？」

お尻が完全に見えているジャケットは、グローバルスタンダードで考えれば女性が着るもの。決して紳士が身につけるものではない。これが洋装の黄金率。国際会議に出席している各国首脳のスタイリングを見てもらうとわかるのですが、お尻が完全に見えているジャケットを着ている人は一人もいません、なぜならビジネス上のルールに反するからです。

ではなぜ、短すぎるジャケットが平然と売られているのか？というと、オシャレファッションとビジネスファッションの区別がわかっていない人、黄金率を知らない人がデザインをしているからです。

日本ではレディースアパレルの市場が圧倒的に大きく、レディースの流れを汲《く》んだこういった商品がたくさん売られているのですが、残念ながら決して本流ではないのです。

実はこの着丈、1センチ変わるだけで印象が変わるほど大切なもの。失敗しないビジネスファッション選びをするためには、自分に最適な着丈を知っておくこと。これは黄金率なのでいったん覚えておけば一生使うことができます。

この黄金比を実現する着丈の計算方法は、次の①→②→③の手順となります。

①身長から25センチを引く。身長170であれば145

②その数値を半分にする。145なら2で割って、72・5

③②の結果から1を引く。72・5なら1を引いて71・5

最後に、体型による調整をしてください。
- **スリムならば、少し（1〜2センチ）短くする**
- **通常体型ならそのまま**
- **恰幅がよければ、少し（1〜2センチ）長くする**

既製服を買う場合でも、完全にピッタリではなくても、近い着丈の商品は見つかります。

「腹筋」よりも「服筋」を鍛えるべし

これまでお伝えした通り、見栄えをよくするためには、服の選び方の前にまずは体型（土台）をしっかりと作ることを考える。そう視点を変えることで、説得力のある見た目が手に入りやすくなります。服の持っているポテンシャルを最大限に引き出す体型作りが大事なのです。

「それってスーツの話でしょ？　私は普段、Tシャツで仕事をしているから関係ない」。そんなふうに思われた方は、待ってください！

服ってある意味化粧みたいなもの。薄化粧であればあるほど元々持っている肌が大事になってくるように、**薄着になればなるほど体型の重要さが増してくる**のです。**薄着の一種のTシャツなんて、体型の影響が顕著に出る最たるもの。**カジュアルに仕事をするとかしないとかは全く関係なく、体型をキッチリと作ることは非常に重要なのです。

暑い季節になると薄着になり、薄着になると体型が見えてきます。いろいろ着ることでごまかせていたものが、暑い季節はごまかしがききません。現代は地球温暖化のせいか、暑い時期が以前よりも長くなってきているので、体型作りの重要性は増してくるでしょう。

また、年齢を重ねていくと代謝は悪くなり、何もしなければ太ります。しかも男性の場合は、ほぼお腹にお肉がついてしまう。胸板についてくれたらいいのですが（笑）。

お腹にお肉がつくと、服のシルエットが変わります。健康維持の観点からも、私の周りでもトレーニングジムで体を鍛える人は多く、私自身も定期的に通っています。しかし私は筋トレがそもそも好きではないので、正直かなりイヤイヤ。仕立て屋という仕事柄、見た目をキープする必要性が高いのと、健康維持のために通っているのが現実です。

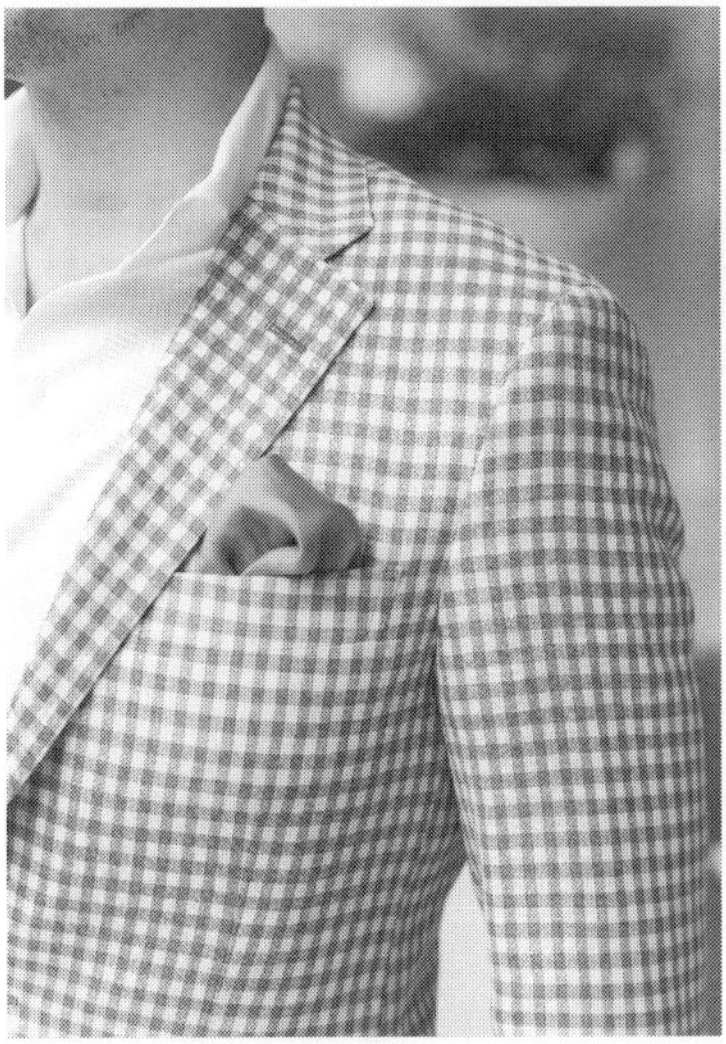

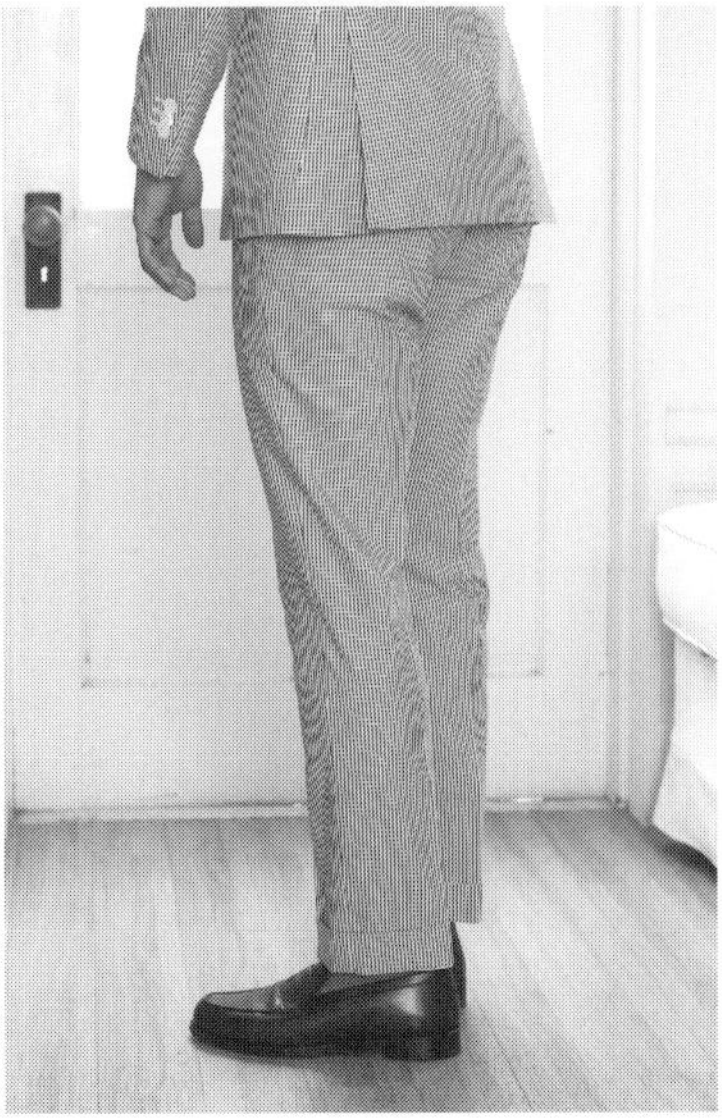

上は胸板を、下は尻を、それぞれほどよく鍛えた状態で着た様子

そして今までたくさんの方を採寸してきて、わかったことがあります。それは、服が映える体型を生み出す「服筋」が存在すること。体にはいろいろな部分がありますが、**説得力ある見栄えを作るためには、鍛えるべきは次の2か所だけで十分**です。

「胸板」と「お尻」。この2か所だけで、見栄えが激変します。胸板が適度に厚くお尻がキュッと上がっていると、服が映えるのです。なぜならば、ジャケットやTシャツなどの上に着るものは「胸」を中心に設計され、スラックスは「お尻」を中心に設計されているから。

補足すると、**あくまで適度で十分で、鍛えすぎは逆効果。**というのは、厚すぎる胸板に合わせて服を作ったとしても、横に広がりすぎてしまっていびつな形になってしまうからです。

胸板はダンベルや腕立てふせ、お尻はスクワットなどが非常に効果的です。

体型は維持してこそ意味がある。信頼を得るためにも……

体型作りが大事であることを力説してきましたが、その**体型を維持することも重要**です。

なぜならば、**他人から覚えてもらいやすくなるから。**痩《や》せたり太ったりを繰り返す人ってたまにいますが、誰だかわからなくなりませんか？　ましてや、コロナ禍でリアルでほとんど会わなくなると、いっそう。

同じ体型のキープは、**人に安心感を与えるという長所も備えています。**SNSなどで写真を見ていて想像していた人と、実際に会ってみたら全然違っていたら、不信感を覚えることもあるでしょう。

意識を強制的に体型に向ける一番簡単な方法は、体に合った服をあえて着ないこと。服に体を合わせるという意識で、着ていてラクな服を選ばないことです。CHAPTER3の冒頭で書きましたが、着ていてラクなのはサイズが合っていない証拠。そもそも大きなサイズなのです。

見栄えのよいサイズの服は、体型の変化をいち早く知らせてくれる能力も持っています。太るとすぐに着るのがきつくなりますから、食べすぎを抑制することもできます。

先日2キロ痩せられたお客様が、持っているすべてのスラックスのウエストを2センチ詰めにいらっしゃいました。2センチくらいでわざわざ詰めなくてもいいんじゃないの？

と思われる方もいるかもしれませんが、これが体型を維持するのにふさわしい方法なのです。

競馬界のレジェンドと呼ばれている武豊さんは、30年以上同じ体重をキープしています。「体型維持のコツは?」と聞かれた質問に「毎日同じ時間に体重計に乗ること」と答えています。そうすることで、どんな運動や食事をしたら、体重がどのように変化をするのかがわかるということです。

体重計に乗る習慣も簡単にできますから、ぜひ実践してみてください。

2 勝つための服の選び方

黒いスーツは今すぐ捨てる

最近の新入社員のスーツの色は、ほとんど黒。私が就職した1995年頃は新入社員も就職活動でもネイビーが一般的でしたから、時代は変わったようですね。

ただ、**グローバルスタンダードから言えば、ビジネスに黒は不正解。**あくまで日本でのローカルルールなのです。お葬式も結婚式もとりあえず黒を着るのが無難、というのが日本人の感覚。その流れでビジネスも黒という流れになったかと思うのですが、**本来、黒は「喪《も》」の色。葬儀の時だけに使うのが正解**です。ですから、**結婚式でも本来黒はNG。**

元々は「お祝いの場に喪の色を持ち込むなんて！」だったのです。和服を着てキャップをかぶるくらい本来はあり得ないことになります。

しかも黒は、怖く見えると認識されている色でもあります。映画などでは暴力団役の人は決まって全身黒です。

ですから、どうしても黒いスーツを着る場合は、黒の怖さを中和させる着こなしが大事になります。方法は次の3つ。

一つ目は、**ブランド物を合わせない。**ブランドロゴがばっちり入ったベルトなんかをつけていたら、ギラつき感がハンパなく出ます。

二つ目は、**黒ずくめにしない。**黒スーツ、黒靴、黒シャツ、黒ネクタイと……、全身黒

のコーディネートで決まるのはEXILEだけ。黒はイカつい色です。黒以外の色を入れて中和しましょう。例えば、靴や鞄《かばん》を濃茶にすると、それだけで印象がかなりマイルドになります。

三つ目は、**キツい色を合わせない。**黒じゃなくても、黄色いネクタイなんてすると、これも強いもの同士なのでギラつき感が異常に出ます。金のネックレスまでしていたら、堅気の人には見られません。やさしい色目のネクタイを合わせましょう。

シャツはポケットなしを選ぶ

スーツ発祥の国・イギリスでは、シャツとは本来は下着であり、人前に出る時は必ず上にジャケットもしくはベストを羽織って、シャツがコーディネートの中心になることはありません。

ですから下着であるシャツには、元々はポケットはついていないのです。でもその後、合理的で機能性を求めるアメリカ文化の中で「シャツにもポケットがついていたほうが便利だ！」という理由でポケット付きのシャツが出回るようになりました。

ポケットがついていることで物が入るというメリットがある反面（私はメリットに感じていませんが）、**デメリットが2つあります。**

一つ目は、**だらしないシルエットになること。**シャツのポケットに手帳や名刺入れを入れると、胸の部分だけがふくらみシルエットが崩れます。クールビズでシャツ一枚になった時はもちろんスーツを上に着ていても、胸ポケットがふくらむので不格好となってしまいます。

二つ目は、**シャツが汚れやすいこと。**ポケットにボールペンを入れる人がとても多いのですが、ペンのふたを閉めずにそのまま入れたり、ペン先を出しっぱなしのことも多く、シャツが汚れてしまうのです。ポケットにボールペンを入れてかがんだ状態から立とうとした時に、ボールペンが引っかかりシャツがビリビリに破れてしまった方もいらっしゃいます。

ですから、胸ポケットのついていないシャツを選ぶようにしてください。

オンラインでは、細かい柄の服を着てはいけない

仕事の時はスーツに着替え、会社に出勤する。今や、当たり前ではなくなりました。スーツを着なくても問題のない会社が増え、自宅で仕事をしても構わなくなったからです。会議だけでなく、就職や転職活動の面接もオンライン化がどんどん進んでいます。

このオンライン時代で生き残る戦略は、小さな画面の中でも自分の価値を伝え切る術を磨くことです。オンラインでは基本的に上半身しか映りませんが、その制約の中で価値を伝えていくには、表情の作り方、身ぶり手ぶり、そして服の選び方もオンライン用に合わせていく必要があるのです。

参考になるのが、ニュースキャスター。彼らは画面に映る上半身に全神経を集中させています。

ジャケットの胸ポケットに入れる**ポケットチーフがありますが、四角に折って挿す方法は「TVフォールド」と呼ばれる一種のテクニック。**顔の近くに白っぽいものを配置する

ことでレフ板の機能を果たし、**顔色をよく見せる効果があるのです。**ＴＶに出るニュースキャスターが好んで使っていたので、そう呼ばれるようになりました。

オンライン用では、ノイズを少なくするのが大事。後ろに洗濯物がかかっていたら、見ているほうはどうしてもそっちに目がいってしまいます。

服だって、ものによってはノイズとなります。**ノイズになる服の代表といえば、細かい柄もの。**細かめのチェック、ストライプ、千鳥格子などが当てはまります。なぜこうした柄がダメなのかというと、**画面を通して見た時に柄が波打って見え、目がチカチカしてしまうから。**

ネクタイの柄についても同じ。小紋柄（小さい模様の柄）はチカチカするので避けてください。しかもネクタイが位置するのは画面の中央なので、ものすごく目立つのです。**オンラインに最も適しているネクタイは無地。**画面が絶対にチラつかない上に、メッセージ性が最も強く出るのが無地なので、話す内容を後押しする強い味方になってくれます。

ネクタイをする際は、**結び目を絶対にゆるめないことも注意**してください。上半身しか映らないオンラインでは、余計にだらしなさが強調されてしまいます。

極端にいえば、上半身さえカンペキであれば下半身はジャージや短パンでも構いません。イギリスのニュースキャスターで、下はパンツ一丁なのが画面にバッチリ映っていた人もいましたが……、画面には映らないよう気をつけてくださいね！

クールビズはシャツの襟ですべてが決まる

すっかり定着したクールビズ。環境省の想定では6月1日から9月30日までの4ヶ月となっていますが、実際の対応は会社によって様々。ゴールデンウィーク明けから10月いっぱいまでの会社も、中にはあるようです。

でもよく勘違いされるのですが、**クールビズの装いは、ただジャケットを脱いだり、ノーネクタイにしたり、半袖シャツになったりすることではありません。**もちろん、週末服と同じなんてことは、もってのほか。

この「COOL（クール）」という言葉の意味、ご存じですか？「涼しい」だけでなく「キマッている」の意味もあるのです。

単に自分の快適さだけを求め、涼しく過ごすのがクールビズではありません。あくまでも**ビジネスファッションとして最低限の礼節をおさえたものが、本当のクールビズ**なのです。

実はクールビズに適したシャツというものがあります。そのヒントになるのが、アロハシャツやかりゆしウエア（沖縄県などで着られる夏用の半袖のシャツ）。これらのシャツはジャケットの代わりを果たしたものになっており、従来のシャツとは別物なのです。

その理由が、単品性。単品性があるものは例えば、それだけで着ることのできる単品ジャケットや単品スラックス。単品性のないものとは、それだけでは着ることがむずかしいもの、スリーピースのベストなどです。

アロハシャツやかりゆしウエアは単品性があるので、単品ジャケットの代わりを果たせているのです。

とはいえ、アロハシャツやかりゆしウエアを仕事で着ていける人は限られています。では**シャツだけで、どうやって単品性を強くするのかというと、「襟の形」**です。実はシャツの襟の形には、「ネクタイがふさわしい襟」と「ノーネクタイがふさわしい襟」の2種

左がよくあるタイプの襟のシャツ、右はホリゾンタルワイドの襟のシャツ

類が存在するのです。

ネクタイがふさわしい襟のシャツをノーネクタイにすると「ネクタイをはずしただけの人」に見えてしまいます。**ノーネクタイにふさわしいシャツの襟の形とは、襟自体に表情があるもの。襟が少しだけ高く広がっているもの**となります。お店の人になら、**「ホリゾンタルワイド」**と言えば伝わります。

しかし、襟がすごく高くすごく広がっているのは、時代遅れな感じなのでNGです。

3 勝つための服の買い方

ビジネスファッションは、平日の昼間に買いに行く

ビジネスファッションは、買いに行くのに適していない時間帯と適している時間帯があります。答えを先に言うと、適していないのは「土日祝日」。適しているのは「平日の昼

間」。その理由は、次の3つ。

1）ビジネスファッション選びは、仕事である
2）店舗がすごく空いている
3）ビジネスファッションを着ている

ビジネススキルを上げるために、色々なことを勉強する方も多いと思います。話し方、マーケティング、資料作り、語学など。中でもプレゼン（テーション）は多くの業界や職種で求められる能力ですが、自分の見た目を整えることこそプレゼンの大切な要因となるのです。同じことを言っていても、どんな人が発言しているのかで、伝わり方はまるで変わってきます。価値が伝わりやすくなるような**説得力のある見た目に整えるのは、戦略的に重要**なのです。

服選びは大切な仕事の一つであると考えた瞬間に、優先順位が大きく変わります。休みの日で時間が空いた時にパパッとすませるものではなく、**仕事としてきちんと予定を立てるほうがいい。**そうとらえることで、自分の見られ方への意識も変わってくるはずです。

これが一つ目の理由です。

今はコロナの影響でお店は比較的空いていますが、中でも平日の昼間が最も空く時間。**販売員さんは、とても丁寧に対応をしてくれます。**

連休でお客様が多い時や、開店直後で事務作業をしないといけない時、閉店間際で後片づけをしないといけない時などは、選ぶほうもゆっくりと見ることができませんし、販売員もバタバタしているので一人ひとりに集中して接客することができないのです。それと、販売員は商品を熟知しているベテランのほうがいいのですが、お店が混んでいる場合は販売員を選ぶことができません。

月末の閉店間際だと予算を達成するために、強引に勧められる可能性もあり得ます。だから平日の昼間が適しているのです。これが二つ目の理由。

最後の三つ目の理由ですが、お店にはビジネスファッションで行くべきだというのに由来しています。**間違いのないサイズを選ぶには、ビジネスファッションであることが必須**なのです。

既製品でもオーダーでも、服のサイズというのはミリ単位で調整するもの。普段ビジネスで着ている服で行くと、サイズ感を間違えることもありません。また、**普段の仕事での服装を見せることで、販売員も勧めるものが見極めやすくなる**のです。

とはいえ休みの日にビジネスファッションに着替えるのは、なかなか面倒くさいもの。だから**ビジネスファッションを着ることの多い平日に行くのがいい**のです。

ホンモノ販売員、ニセモノ販売員を見分ける

服屋さんの店員が苦手……。そんな方って意外に多いと思うのです。今は服の業界にどっぷり浸かっている私だって、実はそうでした。見ているとすぐに近づいてきて「何かお探しですか？」と聞いてくる。「いや、こっちはちょっと見ているだけなんだけど」と思いながらも居心地が悪くなってしまい、お店を出てしまう。そんな経験をされた方って、多いんじゃないでしょうか。

この販売員という仕事をかつて私もしていて、大学時代はユナイテッドアローズ渋谷店

でアルバイトをしていました。当時のユナイテッドアローズは今ほど店舗も多くはなく、まだ数店舗しかありませんでした。セレクトショップブームの火付け役ともいえ、当時はまさに時代の先端で世界中から買付けをし感度の高い商品を取り扱う、トレンドの発信地みたいな存在でした。

そういったお店でしたので、買いに来るお客様も服へのこだわりの強い方が多く、販売員も「時代を創っているのは自分たちだ！」という強烈なプライドやプロ意識を持っていました。当時のメンバーの多くは今でも、服飾業界の第一線で活躍をされています。

「アルバイトだろうが店頭に立つ以上はプロフェッショナルであれ！」「ユナイテッドアローズの看板を背負っていることを常に意識しろ」と、私にも容赦なく厳しい言葉がかけられました。出勤すると私のスタイリングに強烈なダメ出し、上から下まですべて否定されたこともよくあります。

毎日毎日そこからのスタート、そのダメ出しがすごくイヤでノイローゼ気味になったことも。でもそうすることで、ユナイテッドアローズのブランドが守られていたのです。

そんなプロフェッショナル販売員を見ていて、それまで持っていた販売員のイメージが

180度変わりました。「お店にある商品をどう売ろうか？」を考えているのが販売員だとそれまでは思っていたのですが、ユナイテッドアローズは違いました。彼らは**モノを売っているのではなく、お客様に寄り添いどうお役に立てるのか？を真剣に考え実行していた**のです。

従来の販売員と大きく異なることとして、例えば次の3つがありました。

1）売らない

お客様が販売員を苦手に思うのは、「売りつけられている」と感じるから。お店が売りたい商品を、セールスポイントばかりを強調されてグイグイ押してくると、お客様は引いてしまいます。ユナイテッドアローズは売りつけるのではなく、「商品の価値」を正しく伝えようとするのです。だから長所だけでなく、懸念される点も必ず正直に話します。いいことしか言わない販売員は、疑うのが賢明です。

2）似合うと言わない

試着して鏡の前に立った瞬間「お似合いですねー！」と言い、明らかにサイズが間違っている場合でもそんなことを言う販売員、いませんか？　そんな販売員、信頼できないですよね。ユナイテッドアローズは、おかしい点はハッキリ言う上、理由も必ず添えます。

3）着こなしが洗練されている

プロフェッショナル販売員は、おしなべて洗練されています。そのブランドを最もステキに見せるのが、販売員さんの役割であり、着方を熟知しているのは当然のこと。でも現実には意外にも、そうでもない販売員が多いのです。スポーツ界では、自分ではできないけど教え方がうまいコーチや監督がいますが、これは服飾業界では当てはまりません。販売員さんが野暮《やぼ》ったかったら、その人から買う人も必ず野暮ったくなるのです。

以上を手がかりにホンモノ販売員、ニセモノ販売員を見分け、ホンモノ販売員から服を買うようにしましょう！

販売員を自分専属のスタイリストにする

先でご紹介したようなホンモノ販売員を見つけることができたら、大げさでもなく運命の出会いとなります。あなたの見栄えを劇的に変え、理想の人生を歩んでいくキッカケになる可能性が十分にあるからです。

ユナイテッドアローズのプロフェッショナル販売員を見ていて感じたことの一つに、**買う人と売る人という関係を超越した仕事をしている**ことが挙げられます。むしろ、**かかりつけのお医者さんと患者さんのような関係性。**自分ではよくわからないことや判断に困ることなど、服装に関することは何でも相談する相棒のような存在に、販売員を位置づけているのです。

販売員のほうも頼られているのを意気に感じて、お客様が「どんな仕事をしているのか？」「どんな思いを持っているのか？」「これからどうしたいのか？」などを常に把握しようとします。お客様が今まで購入したもののリストをつくり、サイズまでも完璧に頭に入っているのです。

私がアルバイトをしている時に、Ｉさんという名物販売員がいらっしゃいました。ものすごくオシャレで、服の知識はとんでもなくあって、知らないことは何もないくらいファッションには明るい方でした。Ｉさんからしか服を買わない信者のようなお客様も1人や2人ではなく、何十人もいたのです。ハンカチ一枚、靴下一足を買うのでも、Ｉさんがよいといったものでないと安心できない人もいたくらいでした。

そのようなお客様が自分の友人を連れていらっしゃったことがあるのですが、友人にＩさんを次のように言っていたのです。

「僕の専属スタイリストを紹介するよ！」

スタイリストといえば俳優やモデルがつけるものという認識が広く知れ渡っていますが、**一般の我々でもスタイリストをつけることができるのです。しかも無料で！**

Ｉさんのような優秀な販売員を味方につけ、自分専属のスタイリストにしてしまえばいいのです。そのためのステップは次の2つ。

【ステップ1】信頼できる販売員を見つける
【ステップ2】販売員だと思うのをやめる

【ステップ1】は前項でもお話ししました。

【ステップ2】の狙いは、「売るほう／買うほう」という関係性から脱却しない限り、スタイリストだと考えられないからです。販売員を名前で呼び、自己開示をして、自分の仕事のこともいろいろと話してください。話せば話すほど関係性は深まりますし、相手も親身になってくれます。

美容師をイメージするといいかもしれません。一度いい感じに仕上げてくれた美容師は、自分の好きな感じをわかってくれるので、やがて何も言わなくても、希望通りに仕上げてくれるようになりませんか？　そして指名したくなりますよね。

服を買う際も、**この人から買うと決めるのが大事で、相手も意気に感じて絶対に一生懸命になってくれます。**服のことを何でも相談できるような販売員にぜひ出会ってくださ い！

4 勝つための着こなし方

ジャケットと「スーツの上着」は、そもそも違うもの

仕事で私が常に着ているのがスリーピース。**スリーピースとは、ジャケット、ベスト（ジレやウエストコートとも呼びます）、スラックス（パンツとも呼びます）の3点セット**のこと。日本では別名「三つ揃え」とも呼ばれ、**最もフォーマルなスタイル**とされています。

時代とともにスリーピースは簡略化され、**ジャケットとスラックスの上下セット（ツーピース）**が主流となっていきます。ですから「スーツ」といえば、ツーピースのことを指すと思う方がほとんどではないでしょうか。しかし、そもそも「スーツ」とは、スリーピースを指す言葉でした。

さらにツーピースまでもが、ジャケットとスラックスにわかれました。

「ブレザー」という言葉もありますが、ブレザーとは多くの場合、特定のクラブやチームのユニフォームとしての性格の強い、無地の素材で仕立てられた上着を指します。学校の制服も、ブレザーに含まれます。

「ジャケット」はブレザーより種類が多く、用途も幅広く、様々な素材を用いて作られますので、ブレザー以外の上着はジャケットと呼んでも差しつかえありません。

①スリーピース
②ツーピース
③単品ジャケット・単品スラックス
④シャツ（Tシャツ、ポロシャツなど含む）・単品スラックス

大きくわければ、ビジネスファッションはこの4つのどこかに分類されます。**最もフォーマルなのがスリーピース、最もカジュアルなのがシャツ・単品スラックス**となるのです。**カジュアルになるほど、単品性が強くなっていきます。**

「フォーマルだから◯」「カジュアルだから×」というものではなく、あくまでも特性の

違った4つのスタイルが存在すると理解してください。

スリーピースの場合は3点をそろって使っている状態が最も見栄えがよく、それぞれを単品として使うことはオススメできません。また**スリーピースもツーピースも、ジャケットとスラックスをバラバラにして使うのも勧められません。なぜなら、単品性が低いからです。**

クールビズの時期にスーツの上着だけを脱ぎ、スラックスを単品ではいている人が何だか野暮ったく見えるのは、ここに原因があるのです。

「今日は少し着崩したオフィスカジュアルに♪」と言って、スリーピースの上着だけを単品ジャケット代わりにとかはNG！　やはり単品ジャケットとは雰囲気がまるで違い、単品性がないのでダサく見えてしまうのです。

単品ジャケットは、様々な素材があるのでスーツ以上に季節感を楽しむことができ、いろいろな着方ができる反面、組み合わせを考える必要も出てきます。

スーツは、単品ジャケットほど表情の変化はありませんが、組み合わせを考えなくてもいい気楽さもあります。どのスタイルを選ぶのかは自由ですが、**「スリーピースなりツー**

ピースのスーツ」を「単品ジャケットやスラックス」として混ぜて使わないようにしましょう。「混ぜるなキケン」です。

ジャケットと「スーツの上着」は、そもそも違うものなのです。

季節の素材感を統一する。スーツの下にダウンベストは×

「サイズ感」「素材感」「色」。服なら必ず求められる3つの要素ですが、この中で最も難しいのが「素材感」。サイズ感なら大小、色なら濃淡とある程度はわかりますが、素材感は判断が難しい。見た目が野暮ったく着こなしがイマイチな人は、たいがいこの素材感を間違えているのです。

センスは人によってバラバラですごく感覚的なものですが、**「あの人の着こなしはステキだ！」「あの人の着こなしはイマイチ……」という良し悪しは、多くの場合一致します。**

では、何が「ステキ」「イマイチ」という明暗をわけるのか？　言い換えれば、「説得力のある見た目と、ない見た目をわけるのか？」ともなりますが、これが素材感なのです。

ステキな着こなしに見える人は、全体の素材の季節感が統一されています。

よくある例でいえば、**スーツの下にぶ厚いニットを着るのはNG。**一般的なスーツは生地が薄く、冬っぽくありません。その中にぶ厚いニットは、季節感が合わないのです。一つのコーディネートに春と冬の素材感が混在すると、イマイチに見えてしまいます。前項で**「混ぜるなキケン」と申し上げましたが、素材についても当てはまる**のです。

「フォーマル」と「カジュアル」も混ぜるなキケンとなります。

分厚いニットを着たいなら、スーツではなく冬物のカジュアルなジャケットが正解。**スーツの下にダウンベストを着る。**これも冬になるとよく見かける組みあわせ。温かくなるから、というのはすごくわかりますけど、とんでもなくイマイチに見えるのでやめましょう。

だらしなく見えない腕のまくり方が存在する

半袖シャツを着ている多くのビジネスマンは、「格好いい」「格好悪い」という判断ではなく、ラクで涼しいからという自分の快適さを優先した理由が多いはず。カッコいいと思って半袖シャツを着ている人はいないでしょう。

格好よさは主観による部分が大きいですが、「説得力のある見た目を作れているのか」という視点で考えるとどうでしょう。

例えばですが、半袖シャツで記者会見をしていたらどうでしょう。違和感なりやる気のなさを感じませんか？　この違和感の正体は肌の露出。肌の露出が増えるほど、くだけた印象になってしまうのです。言っていることがいかにキチンとしていようとも、説得力に欠けてしまうのです。

なぜスティーブ・ジョブズ氏が黒いセーターを着ながらも、説得力ある雰囲気をキープできていたのかというと、肌の露出が少なかったから。

ビジネスで勝つための鉄則は、肌の露出を減らすこと。

さらにいえば、**すね毛、脇毛、鼻毛等の性的なものを感じさせるものも見せてはいけません。ヒゲは見せ方次第で薬にもなりますが、見せ方を間違えると毒にもなるので注意が必要**です。

だから**シャツは、夏でも長袖を着るのをオススメ**します。これには、日焼けを防ぐ効果

イタリア式！　格好いい腕のまくり方

STEP 1

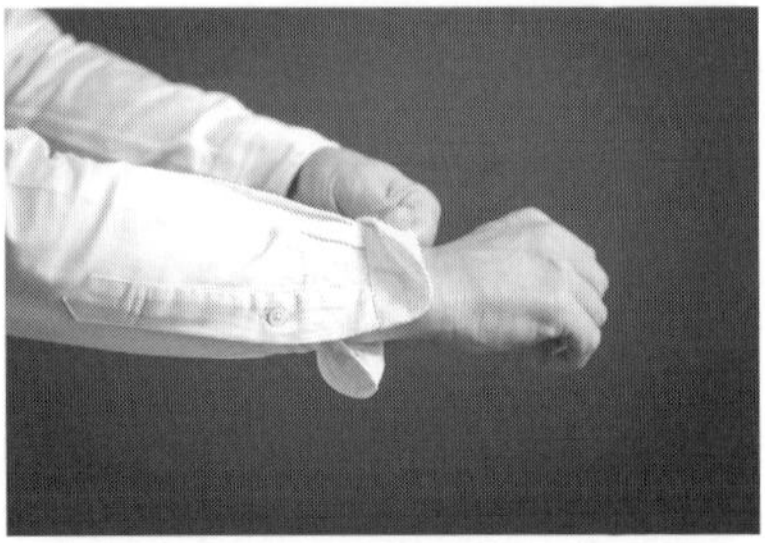

カフス（手首を覆う部分）の半分くらいで折り返す

STEP 2

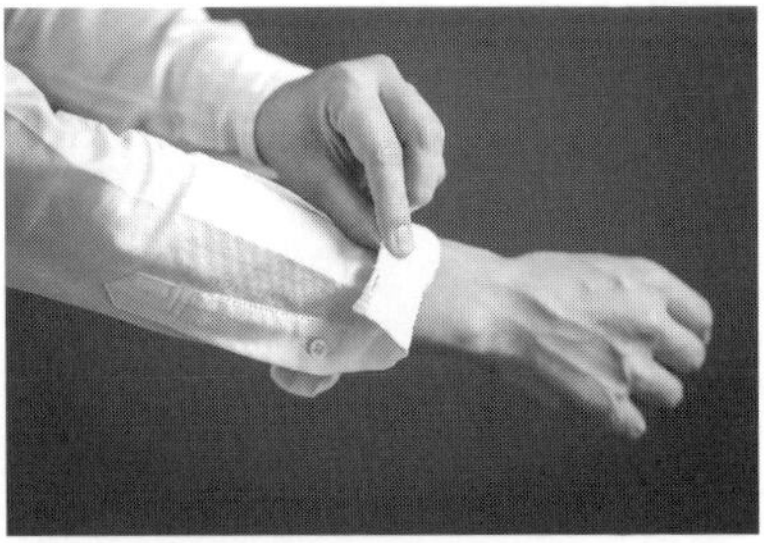

そのままの幅で再度折り返す。袖のボタンは外さない。すると、まくりすぎも防げる

STEP 3

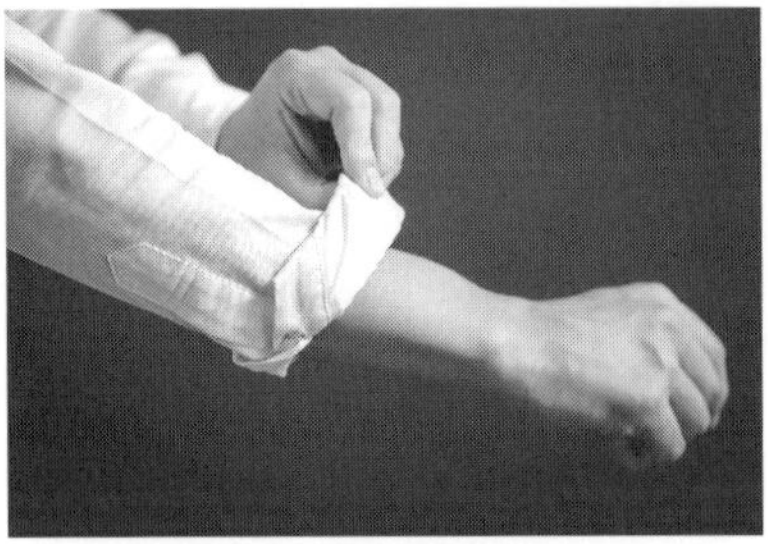

まくるのは3回だけ。肌の露出が多いほどだらしない印象になるので、ヒジが見えたらNG

STEP 4

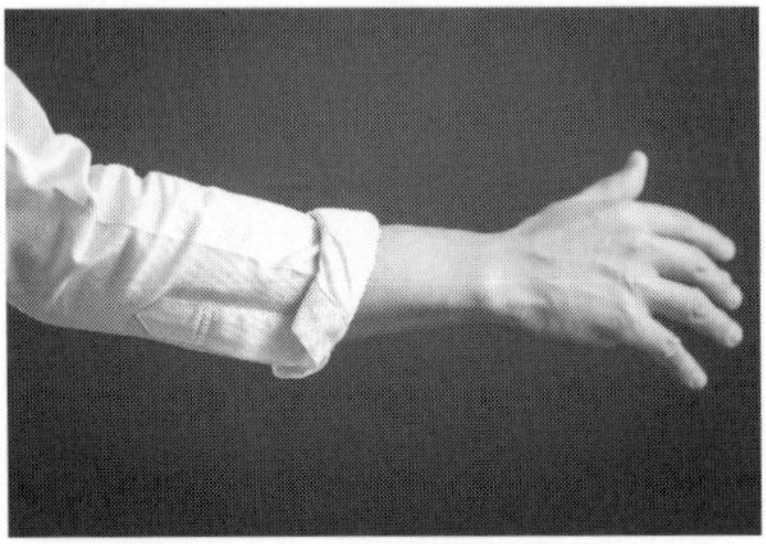

ヒジの手前で止まっていればOK

これで完成！　イタリア直輸入、格好いい腕のまくり方

よくある格好悪い腕まくりの例。肌を出しすぎている

もあります。

とはいえ、暑くなってくると袖もまくりたくなってきます。でも**袖をまくりすぎると、肌の露出が増える上にオッサン臭く見えてしまいます。**

そこで「日本人はシャツのまくり方がダメ……。常にエレガントに見える、カッコいいまくり方を教えてやる！」と力説するイタリア人によるだらしなく見えない腕のまくり方をご紹介！　P116〜117がそれです。

シャツの下に季節を問わず着たいアイテム、教えます

スーツが誕生したイギリスは、夏でも結構過ごしやすいことが多いのですが、高温多湿の日本では環境が違い、とにかく汗をかきます。汗でベタベタになりながらシャツを着た姿は、清潔感どころではありません。

とはいえ、シャツの下に着たランニングが透けているのも野暮ったいもの。

そしてもう一つ、大きな問題があります。それは、乳首問題……。シャツの下から乳首

が透けている人を、たまに見かけます。通勤電車で汗ダラダラのオッサンの乳首を見せつけられる……、これは完全にセクハラ以外の何物でもありません。

こうした事態を避けるためには、**シャツの下には着ていてわからないような機能的下着を着ることを勧めます。私のオススメはGUNZEのSEEK。「汗を吸ってくれる」「下に着てもわからない」「乳首が透けなくなる」「消臭効果がある」「シャツが汚れにくくなる」など長所だらけ。**見た目はババシャツのようですから、これだけ着たら格好悪いのですが、シャツの下に着るには頼もしい存在となります。

私も夏だけではなく一年中ＳＥＥＫをシャツの下に着ていますが、**シャツの寿命が劇的に延びました。**

身長はバラバラなのにネクタイは同じ長さだという矛盾の打開策とは？

日本人でも、１５０センチくらいの小柄な方もいれば、１９０センチ近い大柄な方もいます。

しかし、**お店で売られているネクタイって全部同じ長さ**ですよね。国産品の一般的な長さは148センチ。ですから、締める方の身長によっては、ネクタイが長すぎたり短すぎたりしてしまうのです。これは誰が見ても、すぐにわかってしまいます。

ですから**ネクタイは、ブランドや柄よりも、長さが大事。大剣と呼ばれるネクタイの太いほうの先端がベルトにかかるくらいの長さが理想**です。

さらにいえば、大剣の先端と小剣（ネクタイの細いほう）の先端が同じ位置であればなお理想なのですが、そのバランスで締められるのは身長175センチ前後の方だけ。

では175センチ以外の方はどうすればいいのかというと、実は、ネクタイの大剣と小剣の両方の先端の位置を合わせる必要はないのです。第一優先は、大剣の先端がベルトにかかるくらいの長さで結ぶこと。

私は身長170センチで少し小柄なほうなのですが、いつも**小剣を折りまげて裏のループにかけてしまいます。**

ダウンタウンの松本人志さん（身長173センチ）がされているのが、小剣をシャツの中に入れる方法です。この方法でもいいのですが、一つ弱点があって、動いていると気が

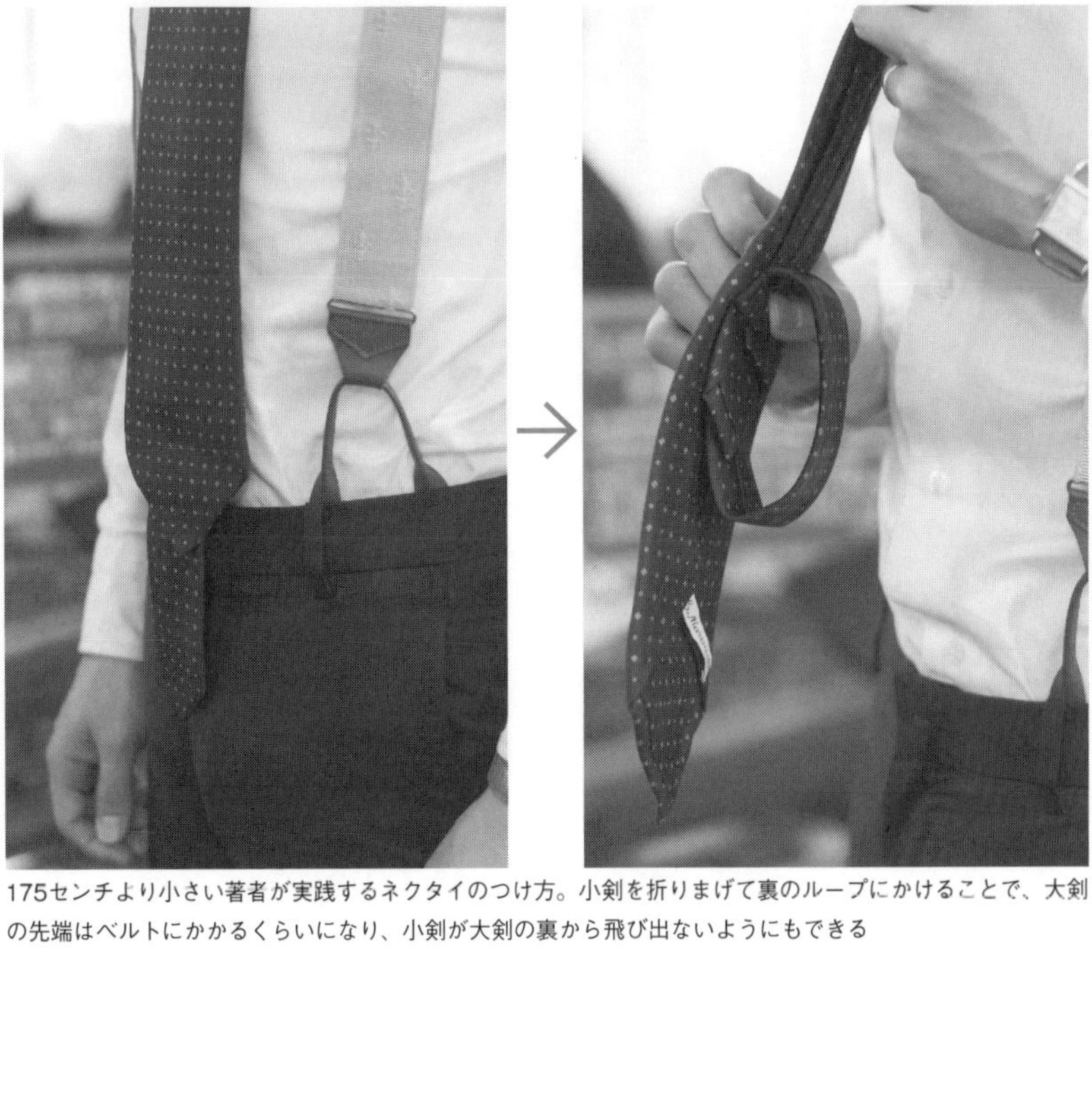

175センチより小さい著者が実践するネクタイのつけ方。小剣を折りまげて裏のループにかけることで、大剣の先端はベルトにかかるくらいになり、小剣が大剣の裏から飛び出ないようにもできる

つかないうちにシャツからネクタイが出てしまうこと。

一方で大柄な方は、小剣が短くなってしまいますが、これはどうしようもありません。大剣の先端をベルトにかかるくらいの長さに合わせることだけを考えてください。

海外ブランドのネクタイでしたら、150センチ以上のものもあります。またオーダーでネクタイを作れば長さは自由にできますし、価格も既製品とさほど変わりません。**海外品やオーダーメイドも検討してみてください。**

紐のついた靴を履くだけで、姿勢が美しくなる

仕事柄ものすごく人の所作に目がいきますが、所作が丁寧な人はおしなべて服の状態も美しい。服の状態を見れば、普段どんな立ち居振る舞いをしているのかが手にとるようにわかります。服の状態が悪い人は、普段の所作も荒っぽい。服は生き様を如実に表すものなのです。

特に電車に乗っている時に思うのですが、**猫背も割と目立ちます。**座っている人も立っ

ている人も、スマホを見ていれば猫背になってしまっています。

美しく服を着るためには、姿勢が重要になってくるのです。猫背で姿勢が悪いだけで、老けて見えてしまうもの。逆に姿勢がいいだけで、ハツラツと見えるのです。

そして、なんと……、姿勢をよくするだけで3センチほど背が伸びたように見えるのです！

姿勢が悪く見えるもう一つの大きな要因が**歩き方**。下を向いてトボトボと歩いている人は、自信がないようにも見えてしまいます。

歩き方を変えるだけで体全体の基礎代謝を上げ、自然と体も引き締まる。そんな効果もあるのです。

正しい歩き方は、

①背筋を伸ばす
②肩甲骨を開く
③胸を張る

④首を引き、真っすぐ立てる
この4つを意識してください。

「②肩甲骨を開く」は、ストレッチにもなるので普段からやりましょう。「③胸を張る」のイメージは、オードリーの春日さん。ちょっと大げさくらいにやってみてください！「④首を立てる」のイメージは、あやつり人形のように上から吊られている姿です。**姿勢こそ、無料で誰にでもすぐにできるもの。**ぜひ、美しい姿勢を意識するようにしてください。

そして最後の仕上げが「靴」。美しい歩き方と靴には、密接な関係があります。実は靴には、長時間履くと「姿勢が崩れる靴」と「姿勢が崩れない靴」の2種類があるのです。ビジネスシーンでは長時間履くことが通常ですから、姿勢が崩れない靴を選びたいのですが、これは**紐付きの靴を選ぶのが正解。**

紐のある靴は足を靴にフィットさせ、足を疲れさせません。スポーツ選手の履く靴に全て紐がついているのは、この理由からなのです。

紐のない靴の代表は、スリッポンやローファー。スリッポンの語源は「スリッパ」。スリッパのような靴がスリッポンということです。ですからスリッポンは基本は室内履きで、外を一日中歩くような構造にはなっていないのです。スリッパを履いて一日中歩くとどうでしょう？　足がガードされていないので、すごく疲れるだけでなく、歩き方も変になってしまいます。

ローファーも同じです。ローファーは農夫の搾乳場《さくにゅうじょう》前の牛の待機場所（loafing area）での作業靴が起源。そのため、そもそも外を歩き回る構造にはなっていないのです。

美しく歩いている方は、必ず紐のついた靴を履いています。逆にいえば紐のついた靴でないと、美しい歩行姿勢を長時間保つことができないのです。スーツを着た時には紐つき靴を履くのが基本的なルールにあるのは、こうした理由もあります。

姿勢を保つことは見栄えがいいだけでなく、健康増進にも直結します。

履く時に音が鳴らない靴は、買ってはいけない

私は普段から経営者と接することが多いのですが、**見た目の説得力が強い経営者の共通点に先日気づきました。その共通点とは「靴紐がゆるんでいない」。**

ではどうすれば、靴紐をゆるませずキープさせることができるのでしょうか。次の2つがカギを握ります。

1）紐の結び方

2）靴のサイズ

ほとんどの方は、靴紐の正しい結び方を教わったことがありません。親が自分のやり方を教え、何となくやっている方がほとんどでしょう。もし親が間違っていたら、子どもも同じように間違えます。

そもそも靴紐の役割とは、靴を足にフィットさせることにあります。映画『グラディエーター』を観た方ならおわかりかと思いますが、古代ローマ帝国の時代から靴紐はしっ

かりと締めて戦いに出ていたのです。ビジネスも同じく真剣勝負の場。この場で全力を出せるよう、靴紐の正しい結び方をぜひ知っておきましょう。

靴紐の正しい結び方を説明する前に、靴紐がほどけて一番困る人は誰かを考えてみてください。それはスポーツ選手ですよね。マラソン選手が競技中に紐がほどけたら一大事。タイムにも影響します。

ほどけにくい結び方は、スポーツ選手から学ぶのが最も効果的なのです。ビジネスシューズだけでなく、スニーカーでも使える便利な結び方を教えましょう。

ただこの**「オーバーラップ」（P128の上の写真）**という結び方は少しカジュアルな印象になってしまいます。**フォーマル度が高い靴の場合は、「パラレル」（P128の下の写真）がオススメ**です。

そして靴紐がほどける原因の二つ目が「靴のサイズ」。大きすぎるサイズの靴は余計な力が靴にかかり、靴紐がほどけやすいのです。

靴のサイズが合っているかどうかを簡単に見極める方法は、靴紐をほどかずに脱ぎ履き

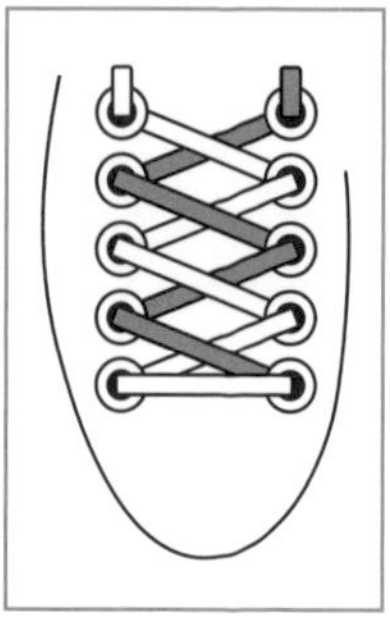

オーバーラップ。「スニーカー結び」とも呼ばれ、カジュアルな印象が出る。靴紐を上から下に通していくため、靴紐の表と裏の面が交互に出てくるが、ねじれないように注意する

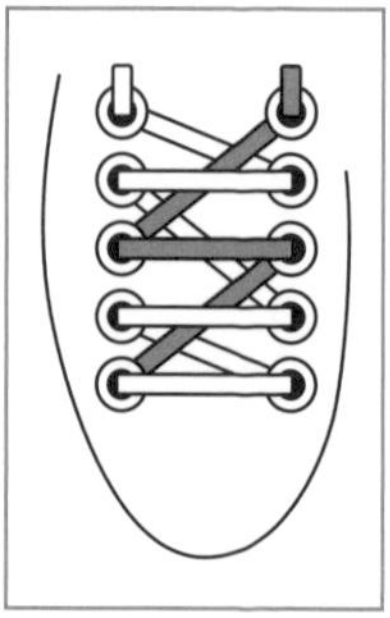

パラレル。ドレスシューズの最も一般的な結び方。靴紐が水平ライン（パラレル）なので、スッキリとした見た目が特徴的。別名は「ストレート」。左右均一に圧力がかかるため、ゆるみにくい

できるかどうか。脱ぎ履きできてしまう場合は、大きすぎることになります。先ほども書きましたが、靴紐は靴を足にフィットさせる重要な役割。自在に脱ぎ履きできてしまったら、靴紐の役割をそもそも果たしていないのです。

しかもサイズの合わない靴を履くと、足に不要な負担を与え、**歩き辛く健康にも悪く、**余計に疲れやすくなります。

履いていてラクなのがジャストサイズではありません。ラクな場合は、たいてい大きすぎるサイズ。スーツなど服と同じです。スーツのところでも触れましたが、子どもの頃にすぐに大きくなるからと大きめの靴を履かせられた経験で、大きめサイズがちょうどいいと勘違いしている可能性も否めません。

サイズの合ったベストフィットの靴は、履いた瞬間にシュッと空気の抜ける音が必ずします。この音が鳴るかどうか、靴紐をほどかないと脱ぎ履きできないか、この2つで靴のサイズを見極めましょう。

また**ジャストサイズの靴は余計なシワが残りません。**サイズが合っているので足に必要以上に負担がかからなく、シワができず美しい見た目がキープできるのです。

5 勝つための服の〝育て〟方

服は休ませてはならない

ビジネスで勝てる見栄えを因数分解すると「シルエット×コーディネート×コンディション」であると、P70でお伝えしました。ここではいよいよ**「コンディション」、服の状態**についてご説明します。

「シルエット」を決める形や色がいくら素晴らしくても、「コーディネート」である組み合わせがカンペキでも、「コンディション」が悪ければ残念ながらすべてが台無しになってしまうのです。

「コンディション」とは、**人間でいう健康と全く同じ。**健康寿命が尽きた服では、説得力のある見栄えを作ることは絶対にできません。

服の健康寿命を延ばすために大切なことは、意外かもしれませんが服を休ませすぎない

こと。とはいっても、毎日着続ければいいという意味ではありません。

服をデザインする時のことを想像してもらいたいのですが、もしあなたが服のデザイナーだったとしたらどんなシーンを想像して服を作りますか？　大事なプレゼンで堂々と発表しているシーンや重要な商談で自信満々に話しているシーンなど、当たり前ですが「服を着ているシーン」を想像するはずです。

でも、実際はどうでしょう？　着ている時間よりもクローゼットにしまわれている時間のほうが長くないですか？　衣替えすると半年以上は着ることもなく、保管された状態が続いてしまうこともあるのです。

この事実に気がつくと、服の健康寿命を延ばすコツが見えてきます。それは、**クローゼットで保管する期間にただ休ませるのではなくて、着ている状態に近づける**ということです。

このヒントが、お店のディスプレイにあります。お店に置いてある商品の健康寿命が短くなってしまうと大問題。なぜなら、健康を損ねてしまった服は定価では売れないからです。

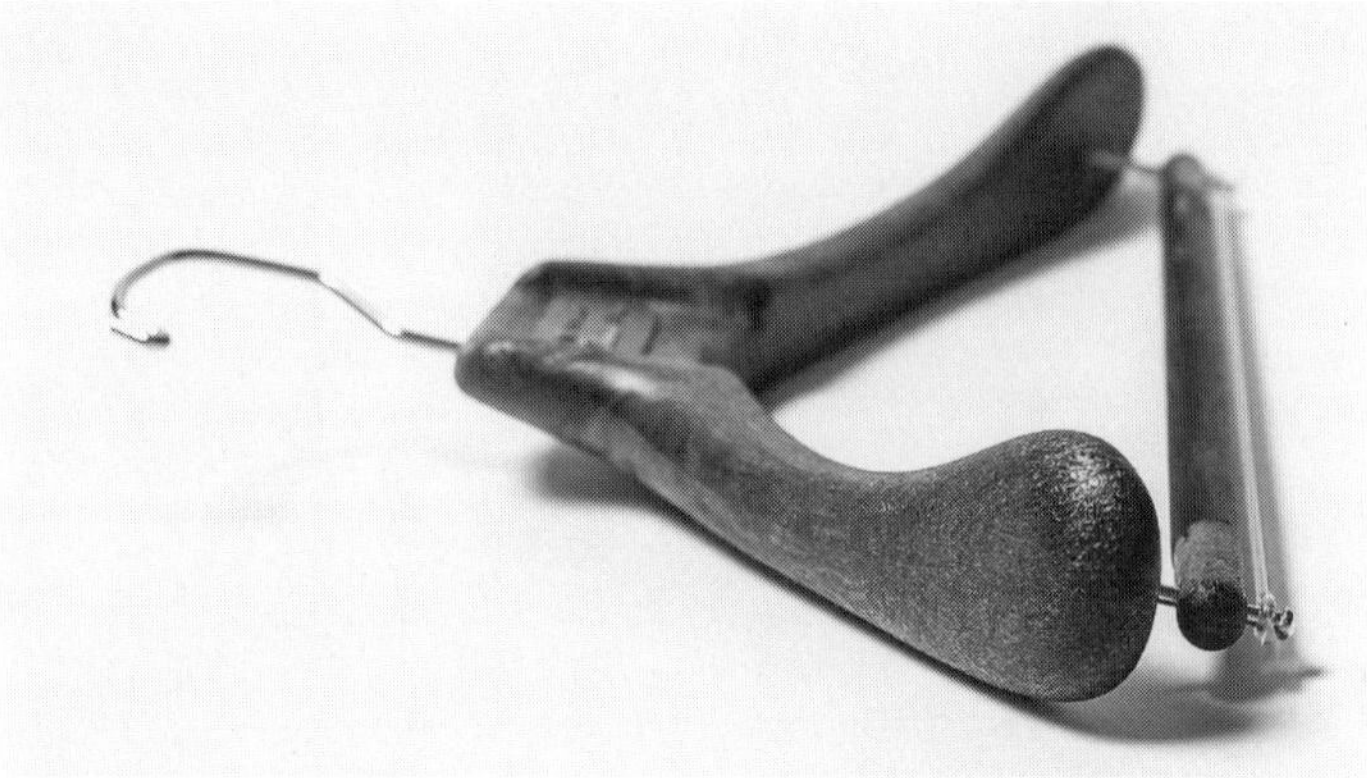

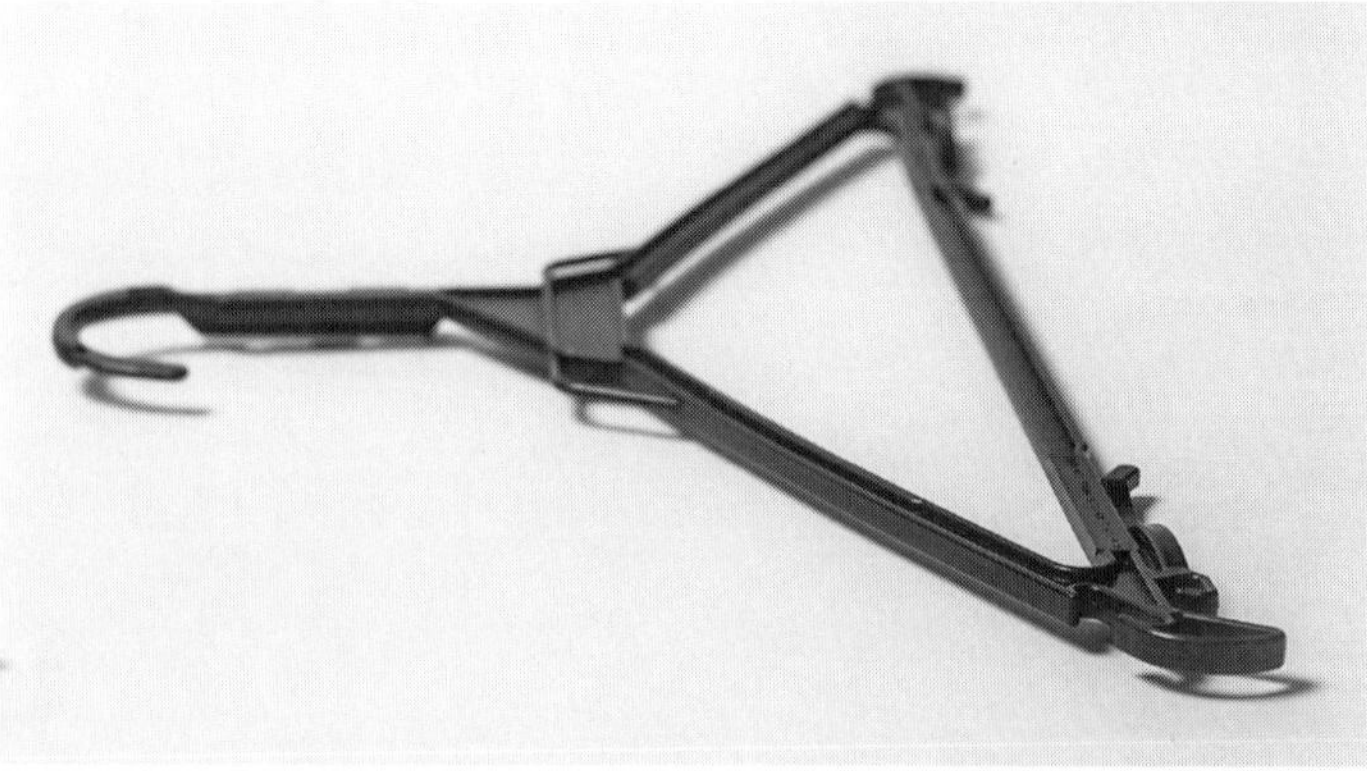

上がオススメのハンガー。厚みがあるので、肩が入って着ている状態に近づく。下のハンガーだと厚みに欠けるので、型崩れが起きやすくなってしまう

特に注意を要するのはジャケット。非常に立体的に作られているので、お店での展示方法を間違うと健康寿命が一気に縮むからです。

お店でジャケットはどのように置かれていますか？　棚に置かれていることは絶対にありません。分厚いハンガーにかけられているはずです。

その理由は、着ている状態に近づけるため。実際に人が肩を入れている状態を、ハンガーを使って再現しているのです。

だから家で保管する時も、全く同じようにしましょう。**厚みのあるハンガーを使うことで、肩が入って着ている状態に近づくので、型崩れがしにくくなり、健康寿命が延びます。**

人間が寝具に投資するのと同じです。よい睡眠をとると健康寿命が長くなるのは、人も服も共通するのです。

車にはハンガーを必ず置いておけ

電車通勤をすると、職業柄、ビジネスマンの装いにはすごく目がいきます。ものすごく色々なところを観察して、このスタイリングを自分ならどう変えるだろう？とか考え始めると、楽しくて止まらないのです（笑）。

ただ、どんな装いをしていたとしても最初にチェックするのが「肩」。特にスーツやジャケットは肩が命。**肩の幅や角度や厚みといった形状が、シルエットを決めるというくらい大事**なのです。

私自身も最初に採寸するのが肩。まずここを決めないと他が決められないというほど、重要な部分なのです。

しかし、肩の重要性を理解している人はすごく少ない。スーツやジャケットは肩で着るものと知っている方は少数派なのです。

だから**多くの方は、ショルダーバッグやリュックサックを平気で使っています。でも、肩からかけることで、肩の部分に必要以上の負担をかけ、型崩れを引き起こしてしまう**のです。

型崩れとは文字通り、スーツやジャケットの型が崩れること。肩の部分に必要以上の重力をかけることで、肩のラインが波打ってしまい、ヨレヨレになってしまうのです。

この型崩れは厄介で、一度なってしまうと、元に戻すことができません、ならないように予防するほかないのです。だから肩の部分には、絶対に余計な負担をかけてはいけません。

私は車通勤だから大丈夫！　そう思っている方も油断は禁物。車でも全く同じことが起こります。その原因を作るのは「シートベルト」。**ジャケットを着たままシートベルトをつけるのは、ショルダーバッグを肩からかけるのと同じ状態になります。**しかも、ジャケット全体がシワだらけになってしまうのです。

さらにはシートベルトですれてしまい、生地が摩擦《まさつ》でテカッてくる可能性もあります。テカりも型崩れ同様、一回なってしまうと修復が不可能です。なので車には、絶対にハンガーを常備しておいてください。

「車に乗る時は、外でジャケットを脱ぎ、ハンガーにかけてから乗る」
「車を降りる時は、まず降りてから外でジャケットを着る」
こうすることで所作が美しくなる上に、肩の部分の型崩れも生地のテカりも起きません。

助手席にハンガーをかけると後ろが見えづらくなるので、運転席のうしろの後部座席にハンガーをかけるのがベストです。

ブラッシングは、まずは「下から上」が鉄則

人間は風呂に入ったりシャワーを浴びたりしないと、どんどん汚れていき、病気にかかりやすくもなります。服だって同じ。汚れたままにすることで、どんどん傷んでいくのです。

では服の汚れを除去するには、どうしたらいいのでしょうか。クリーニングに出すことも大事ですが、お金も時間もかかりますから、そんなに頻繁にはできませんよね。毎日でもできること、それは「ブラシをかけること」です。

ブラシをかけるといっても、平らになっている**「エチケットブラシ」では力不足。**服の繊維の奥にあるホコリまでは、なかなか取り除けません。

大きめの洋服ブラシを必ず買ってください。

スーツの生地の原料の代表であるウール（羊毛）は、人間の髪の毛とよく似た構造をし

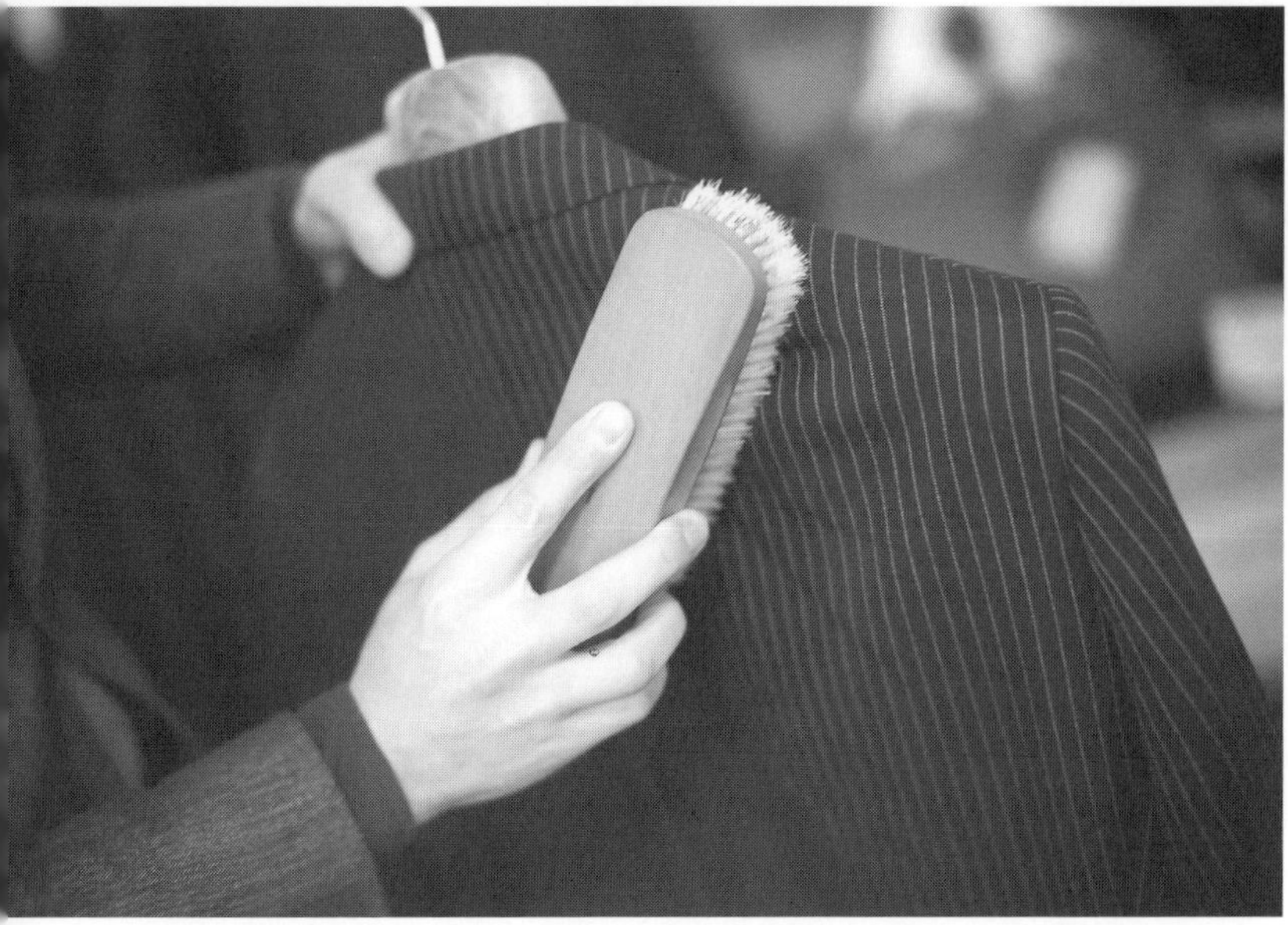

左が大きめの洋服ブラシで、こちらを推奨したい。右のエチケットブラシだとホコリはなかなか除去しきれない

ています。

シャンプーのコマーシャルなどでもよく聞く「キューティクル」という言葉がありますが、このキューティクルは髪の表皮にある組織のこと。魚のウロコのように重なり合って、外部の刺激から毛髪の内部を守っています。健康な髪はキューティクルが規則的に並んでいて、髪にツヤを与えているのです。

ウール（羊毛）の場合、このキューティクルに該当するのが「スケール」と呼ばれるウロコ状の表皮。このスケールにはもともと「復元性」という性質がそなわっていて、シワになったとしても時間が経てば元に戻る性質を持っているのです。

しかしこのスケールの周りにホコリがつき出すと、復元性が劣化していきます。**ホコリをきちんと除去しておかないと、シワがとれにくい服になってしまう**のです。シワがなくなる前に次のシワが入る、そしてまた次のシワが入る。そんなことを繰り返していくことで、しまいにはなかなか除去できない深いシワが残った服になってしまいます。

だから一日中着たスーツは、**必ずブラッシングをして、ホコリを取り除く必要があるの**です。

ただし、多くの方が向きを考えずにブラシをかけています。

正解は……、**まずは「下から上」**。ブラシを下から上に動かし、生地に付着しているホコリを掻き出すように除去するのです。スーツをハンガーにかけ、下の部分を手でおさえながらブラッシングするのがコツ。

〝次に〟上から下にブラッシングし、毛並を整えていきます。

私はいくら酔って帰ってきても、このブラッシングだけは欠かしたことがありません！

服のシワを一晩でとる方法

スーツのブラッシングを習慣にすることで、他にもいいことがあります。それは、**ホツレや汚れ、シミといった服のトラブルにいち早く気づける**こと。小さなホツレでも放置していると、大きな穴になることもあります。汚れやシミは、時間の経過とともに取り除きにくくなってしまうもの。

服にトラブルが起こった場合は、とにかく**早く処置することで大事に至る可能性を低く**

にすぐ気づけるようになるのです。ブラッシングが習慣化すれば、自然とチェックするようになるので、トラブル

できます。

服の状態に目が向くようになると、**できるだけ汚さないでおこうという意識が芽生えます。**するとと前述した通り所作が自然かつ丁寧になりますから、**紳士的な雰囲気も増すので**す。まさに、正のスパイラル！

実は**ジャケットに比べ、シワになりやすいのがスラックス**です。立つ、座る、歩く、時には走る……、様々な動作で非常にシワになりやすいのです。このスラックスもシワをきちんと伸ばしておかないと、シワがどんどんひどくなり、最後には膝の部分が出て、**いびつなシルエットになってしまいます。**

このスラックスのシワの伸ばし方には、次のようなコツがあります。

「ボトムハンガーにかけ、ベルトをつけたまま垂らしておく（P141）」

たったこれだけなのですが、ベルトの重さで引っぱられてシワがすごく簡単にとれます。

またさらにシワをとりやすくするために、**スラックスのクリース（折れ線）にステッチ**

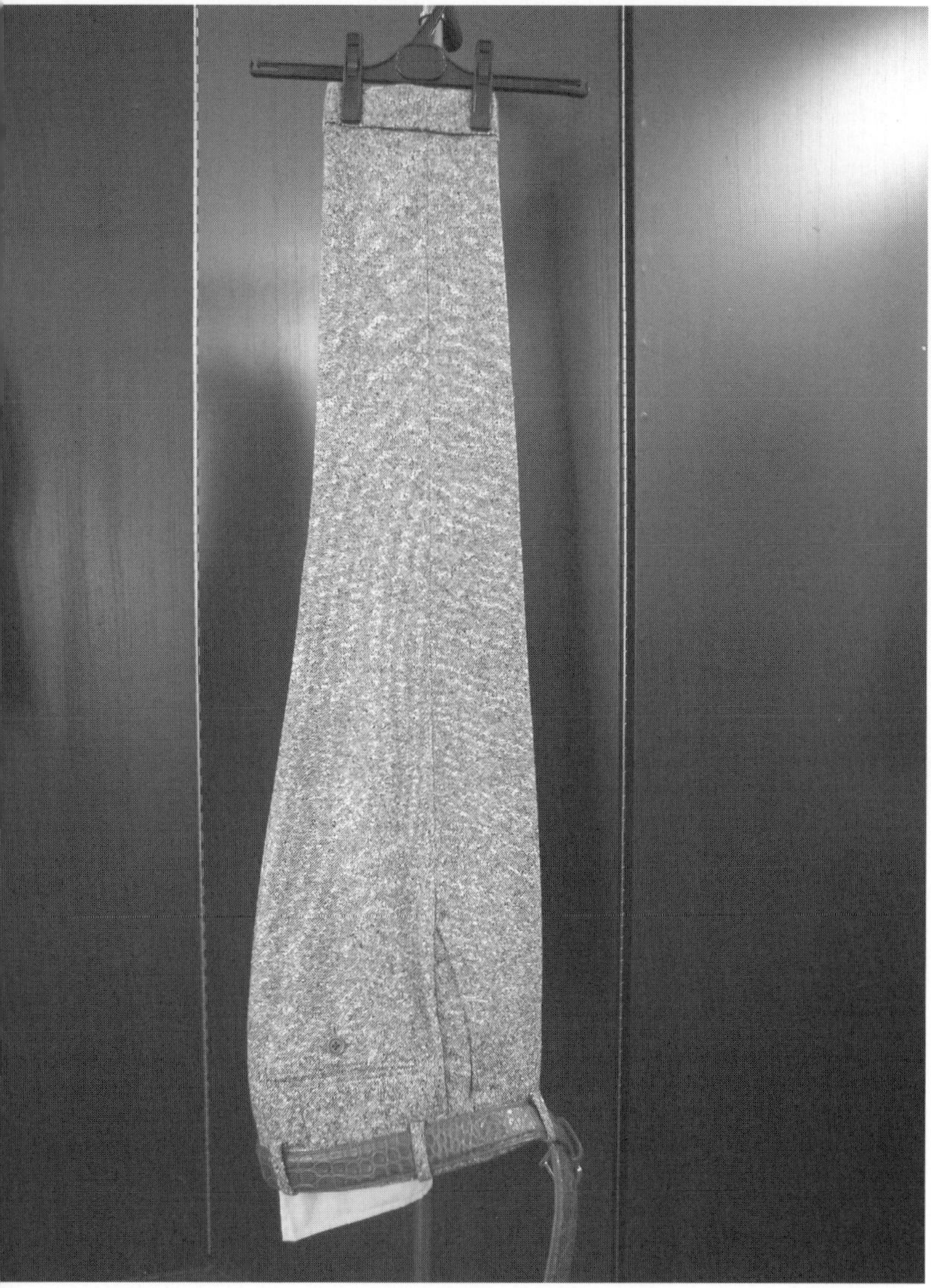

スラックスをボトムハンガーにかけ、ベルトをつけたまま垂らした状態

（服の外に出ている縫《ぬ》い目）を入れる方法（P143）もあります。私のスラックスはすべてこの仕様にしているのですが、シワがとれやすい上にシルエットが非常にきれいになるので、スタイルもよく見える効果まであるのです。

ブラッシングの効果を最大化させるためには、ローテーションを守ること。**1回着用したら、最低でも3日は休ませましょう。**これは服だけではなく、靴、鞄などすべてのアイテムに当てはまります。

休ませることでシワの復元の時間が確保され、湿気や臭いも自然ととれていくのです。1週間の中でそれぞれのアイテムの使用頻度を1回におさえられれば、服の健康寿命は飛躍的に延ばすことができます。

ただ出張中などは、ここまですることがとても難しくなります。服のシワを明日の朝までにとりたい！　そんな方は、次の方法でシワを除去してください。

- **バスタブにお湯を入れる**
- **お湯の量は足首までつかるくらい**

スラックスのクリースにステッチを入れた様子

・**換気扇は止めておく**
・**ハンガーに服をかけ、浴室の中に吊るしておく**

お湯の湿気がスチームアイロンの役割をしてくれ、シワを伸ばしてくれます。私は出張では、ホテルに荷物を送っておき、ホテルに着いたらまずはカバンから服を取り出し、この手順でシワを除去していきます。もちろん自宅でもできる簡単で効果的な方法ですので、ぜひお試しください。

折り目がキレイなスラックスほど、ズボンプレッサーが使われていない

スラックスの折り目があるかないかで、印象がまるで違ってきます。

そもそもスラックスに折り目がつけられるようになったのは、1880年頃に英国皇太子（後のエドワード7世）の影響だといわれています。ある時、皇太子が旅行の準備をしていた際に、執事がスラックスをたたみまちがえ、前後に折り目ができてしまったのです。しかし皇太子は、「それもまた面白いではないか」と言い、そのままはいて平気で外出をしたのです。折り目が前後につけられたスラックスを見た人たちは、これがイギリス上

流階級の新しい流行なのかと勘違いし、そのまま普及するようになったものといわれています（他にも諸説ありますが）。

洋服のディテールは、偶然の産物も割と多くあるのです。

時間の経過とともに緩くなってくるのがこの折り目ですが、大敵が「雨」。**雨でスラックスが濡れると湿気だらけの状態になり、折り目がすごくとれやすい状態になります。**

雨の日の予防策は3つあります。

1）足を組まない
2）できるだけ座らない
3）タオルで軽く拭く

足を組んだり電車で座ったりすると膝の部分が曲がるので、折り目がとれやすくなります。そこで、少し乾いてからタオルで軽く拭いてください。

あくまで**軽くがミソ。**強くこするとシミになるので注意が必要です。そしてクローゼットには入れず、**スラックスをボトムハンガーにベルトをしたまま吊るし、2、3日陰干し**

してください。湿気やシワが取れて、折り目も復活してきます。

先ほどもご紹介しましたが、さらにシワをとりやすくするために、**折り目に沿ってステッチを入れる**という方法もあります。私のスラックスはすべてこの仕様にしているのですが、シワがとれやすいうえにシルエットが非常にキレイになり、スタイルもよく見える効果まであるので非常にオススメです。

ズボンプレッサーもありますが、正直あまり勧められません。なぜなら、一日中はいたスラックスは膝が出てしまっているので、なかなか真っすぐにならない上に、ちょっとミスをすると折り目が数本できてしまうこともよくあるからです。

ホテルなどに置いてあるとついつい使いたくもなりますが、ズボンプレッサーで折り目をキレイにするのは非常に難しいものです。

スラックスをボトムハンガーにベルトをしたまま吊ることでほとんどは問題ないのですが、**深いシワが入ってしまった場合はクリーニングに出しましょう。**プレスだけもやってくれます。

もしくは、**自宅でアイロンをかければいい**のですが、直接ではなく、必ず当て布をして、ゆっくりとシワを伸ばしてください。

クリーニングから戻ってきたら、真っ先にすべき儀式とは？

シャツは、家で洗う派が多いと思います。

私もシャツは、家で洗ってアイロンをかける派です。なぜなら、あの時間が好きだから。私のような仕立て屋にとって、アイロンをかけるのは料理人でいえば包丁を研いでいる時間で、落ち着くのです。

今まで様々なアイロンを使ってきましたが、**ダントツで使いやすく、シワをきれいに伸ばしてくれるのがティファールのスチームアイロン。**非常に優れもので、シャツだけでなくコットンパンツなど分厚い生地でも、びっくりするくらいキレイにシワを伸ばしてくれるのです。大きめサイズなので温まるまでに少し時間がかかりますが、いったんスタンバイが完了すれば、ものすごい威力でシワをとってくれます。

他にもシャツをキレイに保つ味方がいます。シャツを着ていると、首の後ろや手首のあたりが汗で黒ずんできます。これをなくすことはできないのですが、**「ベビーパウダー」「汗ジミをとる洗剤」を使うと黒くするスピードを遅くすることは可能**です。

市販のベビーパウダーを首と手首に少しだけ塗っておくと、黒くなりにくくなります。そしてそのまま洗えばキレイにとれていきます。

もう一つの汗ジミをとる洗剤ですが、これは洗濯機に入れる前に、黒くなりそうな箇所にスプレーしておくタイプが使いやすいです。これも色んなものを使ったのですが、**一番洗浄力が強かったのはAmwayホームのプリウォッシュ部分汚れ用スプレー**。家でシャツを洗う派は、こうした便利なグッズを使ってシャツの健康寿命を延ばしてください。

家で洗うのが難しいスーツ類は、さすがに私もクリーニングに出します。**頻度はシーズンに一回くらい。**タイミングがいまいちわからない方は、**パンツのクリースライン（折れ線）が消えてきたらクリーニングに出す合図**だと思ってください。

クリーニングから返ってきたら、**かかっているポリ袋はすぐに外しましょう。**このポリ袋は保管するための袋ではなく、運搬中等に汚れないようにするためのもの。袋をかけたままにしておくと、ニオイの原因になってしまったり、へたすると変色する恐れもあるのです。

もう一つぜひ知っておいてほしいのは、クリーニング方法。コロナで外出が減ったとはいえ、一日着た服は強烈な紫外線を浴び、大量の汗を吸っています。汗によるシミやニオイを除去しないといけないのですが、ドライクリーニングだと全く落ちないのです。でも困ったことに、ウールは水洗いすると縮んでしまう性質があります。

では、どうしたらいいのか？

「水洗いクリーニング」
「汗抜きクリーニング」
「汗抜き加工」

この3点セットをクリーニング屋さんに依頼してください。水洗いクリーニングとは、通常のドライクリーニングをしたあとに、縮まない加工液が入った水に10分間浸ける方法。ウールにダメージを与えず、汗やニオイを洋服から除去できます。

それともう一点、クリーニングに出す前に、ほつれや破れは直してください。クリーニングから戻ってきたらすぐに、気持ちよく着ることができますから！

ネクタイは丸めるな。叩くべし！

ネクタイはすごく目立ちます。顔のすぐ下に位置するので、イヤでも目に入ってくる場所にあるからです。経営者やフリーランスでしたらウェブサイトにプロフィール写真を載せることも多いと思いますが、こういった写真も上半身がほとんどです。またオンラインでは、上半身しか映ることはありません。上半身の見栄えはそもそも大切なものでしたが、その重要性が今はさらに増してきているのです。

ですので、ネクタイをする場合は柄も大事なのですが、「曲がっていないか？」「キレイに結ばれているのか？」「緩みはないか？」「変なシワはないのか？」「ヨゴレはないか？」、こうしたことをきちんと確認しておく必要があるのです。

ネクタイにシワが入っている方を結構見かけます。ネクタイは光沢のあるシルク素材などで作られていることが多いので、シワは非常に目立ってしまうのです。

シワの原因のほとんどは、間違った保管方法をしていることにあります。丸めて保管す

ネクタイをかけられるところで垂らす際は、このようにする

る方も多いと思いますが、必ずシワになりますし、シワがとれることがありません。

とはいえネクタイは、結び目の部分だけはどうしてもシワになります。

そこで使い終わったネクタイは、**結び目の部分を手の甲の部分で10～20回強めの力で叩いてください。次に1日だけネクタイハンガーのようなものか、ネクタイをかけられるところで垂らし（P151の写真のようにする）、そのあとは二つ折りにして保管しましょう。**

ただし、ネクタイを吊るしたままにするのは、よくありません。ニット素材などだと、伸びてしまう可能性もあるのです。要は、お店に置いてあるのと同じ状態にするのです。

靴は先端と、かかとだけを磨くもの

靴が汚いだけで、すごくだらしない印象になります。ホテルマンは靴を見てお客様を判断するといいますが、彼らはただお辞儀《じぎ》をしているのではなく、お辞儀をしながら靴をチェックしているのです。

足元をかためるための靴磨きのコツは

A）1回履いたら磨く
B）何足かまとめて磨く
C）靴紐を外す

「A）1回履いたら磨く」は、2日も3日も連続で履くのを避ける狙いもあります。数十キロの体重で数千歩も歩くことで、靴には相当な負担がかかっています。1日投げたら数日間は休むプロ野球のピッチャーと同じで、靴も連続着用を避けないと健康寿命がどんどん短くなります。

それと、**必ずシューキーパーを入れて休ませてください。**汗や湿気を吸い取り、曲がったカタチを真っすぐにしてくれます。人がよい睡眠を求めるように、靴もよい休息を求めているのです。

「B）何足かまとめて磨く」のは、**3足がオススメ。**月～水で履いた靴を水曜日に磨く、木～土で履いた靴を土曜日に磨くくらいのペースです。毎日だとなかなか続きませんし、

1週間分一気にだと数が多いので1足1足が雑になるからです。

「C）靴紐を外す」のは全体をきれいにするため。靴紐がある状態で磨くと、**磨き残しが出ます。**靴クリームが靴紐についてしまう恐れもあります。また、靴紐を外すことで、**靴紐のコンディションを確認することもできます。**ボロボロの靴紐ほどみすぼらしいものはないので、早めに交換しましょう！

普段は乾いた布で磨くだけで十分ですが、3ヶ月に1回ほどは次の手順でしっかりと磨いてください。

1）汚れをとる
2）クリームを塗り、ツヤを出す
3）つま先、かかとだけを光らせる

この3ステップで磨いていきますが、特に重要なのが三つ目。全体でなく、つま先とかかとだけをピカピカにするのがポイントです。

「日本人はマジメやから、靴全体を光らせようとする。でもそれはアカン！　全体が光った靴を履いているのは田舎モンだけや。カッコよく履くには、つま先とかかとだけ光らせるねん！」

とオシャレなナポリ人が教えてくれました。

こうするのには、もう一つ理由があります。つま先とかかとには硬い芯が入っていますが、その他の部分は足の動きに合わせて柔軟に曲がるようになっていることに関係があります。靴全体を光らせると、曲がる部分に塗られたクリームがバリバリに割れて、汚くなってしまうのです。

足元って意外に目立つもの。特に日本では靴を脱ぐシーンも多いので、視線が足元にいきがち。そんな時にきたない靴を履いていると、よい印象にはなりません。

服や靴は寿命が尽きる時に、必ずサインを出す

健康寿命を迎えてしまった服を使い続けることで、よい印象を与えるのは無理。

そこで、服の健康寿命を1日でも長く延ばすためには日々のケアが大切なのですが、お客様の服の状態を見ていると、購入してから1年間ほどはさほど大差はないのですが、1

年を過ぎたあたりから服の状態が美しい人とそうではない人で大きく差が生まれ始めるのです。

差が生まれる大きな理由に「衣替え」が挙げられます。衣替えをしないと、服が傷んでいくスピードは非常に速い。半年間着た服は疲れ切っています。それと衣替えをしないことで、服への意識が遠のくことも関係しています。

汚れや破れはとにかく早めに対処することが非常に大切です。半年に1回、こうした服の状態をチェックし、衣替え期間を使ってキレイに直して保管することで、服の健康寿命は飛躍的に延ばすことができます。

「服ってどれくらい着ることができるのですか？」という質問をされることが非常に多いのですが、結局は使用した回数とケアの方法で全く変わってきます。例えば週1回の使用でそれなりにケアしたとしたら、次の通りです。

- **スーツ、ジャケット類：5年**
- **シャツ：3年**
- **ネクタイ：5年**

・**靴：10年**
・**ベルト：5年**
・**バッグ：10年**

健康寿命を迎えたかどうかを見極める方法ですが、とれない汚れや補修できない破れがあった時はもちろんなのですが、それぞれに**「捨てるサイン」を服や靴は出してきます。**次の通りですが、ぜひ知っておいてください。

・**スーツ、ジャケット類→生地にテカリが出てくる。シワがとれにくくなる**
・**シャツ→首元やカフス部分がかなり黒くなる。アイロンをかけてもシワがとれなくなる**
・**ネクタイ→結び目のシワがとれなくなる**
・**靴→磨いてもツヤが出なくなる。全体に傷がつく**
・**ベルト→形が歪んでくる。端がめくれ上がる**
・**バッグ→磨いてもツヤが出なくなる。全体に傷がつく**

スマホをポケットだと思うな

「ポケットをポケットだと思うな」。これも声を大にして言いたいです。

「……？？？」と思われた方も多いと思いますが、服のポケットとはモノを入れるためについているのではないのです。ポケットには何も入れてはいけません。入れれば入れるほど、膨らんで形が崩れるからです。これを「型崩れ」といいます。

汚れたら洗えばきれいになります。破れたら、縫えば元に戻ります。でも**型崩れは1回なってしまうと、元に戻すことができない**のです。いったん型崩れが起きてしまうと、服の痛むスピードは加速します。

夏などはポケットに物を入れると、**通気性が悪くなるので蒸れてしまい**、余計に汗をかいて汚れの原因になります。

せめてジャケットの内ポケットに、ボールペン、名刺入れ。尻ポケットにはハンカチ。それ以外の物はポケットに入れず、すべて鞄に入れましょう！

ただ鞄の中でも、**「ショルダーバッグ」だけはオススメできません。**理由が2つあります。

① スーツ、ジャケットが傷む

② 見栄えがイマイチ

「①スーツ、ジャケットが傷む」とは、ショルダーバッグを肩からかけることでスーツの肩部分に大きな負担がかかるからです。P134でも触れた通り、スーツは肩が命。肩の部分は非常にデリケートなので、負担をかけてはいけません。肩の線はいったん歪んでしまうと、元には戻すことができないのです。

二つ目の理由「②見栄えがイマイチ」。ショルダーバッグのようにサイズが大きめのバッグだと、服よりもバッグが圧倒的に目立つようになってしまうのです。

それと、「カバン持ち」という言葉があるように、大きなバッグを持っているだけで、小者感や下っ端感が出てしまうのです。

荷物が多い時はバッグも大きくならざるを得ないですが、せめて肩紐は使わず、**手提げ**

バッグとして使いましょう。そしてこの時は、**肩紐はバッグにつけたままでは格好悪いので必ず外してください。**

CHAPTER 4

攻めの姿勢を崩さない服の定石

服の持つ力を武器にして、
将来なりたい自分への切符を手に入れろ！

自分の見栄えを商標登録する

CHAPTER3ではビジネスで勝てる見栄えを、「シルエット×コーディネート×コンディション」の3要素から説明してきました。おさらいしますと、「シルエット」とは服の色と形（形はサイズも含む）、「コーディネート」とは服の組み合わせ、「コンディション」とは服の状態でした。

しかしこの三つはどちらかといえば、**「失敗しない・減点されない」といったいわば「守り」の方法や考え方**だといえます。もちろんこうした守りも非常に大切なことなのですが、**これからの時代に必要なのは守りだけではなく、攻めること。**

なぜならコロナの発生で、人に会うことが激減しているからです。出勤・商談・出張・プレゼンテーション・交流会・パーティーなどリアルで人に接する機会がすごく減っています。重要な場面でないとリアルで会うことがない時代に突入しました。

私自身もそうなのですが、「リアルで会うかどうか」を真剣に考えるようになりました。準備時間、移動時間、交通費……、こうしたものを投資する価値があるのか？を考え、投資効果があると判断したものしか実際に足を運ぶことはありません。

逆にいえば、今まで当たり前すぎて誰も何も感じなかった**リアルの価値が、非常に上がってしまった**のです。

そんな大切な場面に、どんな自分で行くのか？はすごく重要。だからここから必要なのは最低ラインを満たす守りの姿勢ではなく、その他大勢から抜きん出る攻めの姿勢。**服の力を武器にして、自分の可能性を広げていくという、いわば「攻め」の方法や考え方**なのです。この「攻め」の方法や考え方を、CHAPTER4ではしっかりと紹介していきます！


そこでまずは知っておいてほしいことがあります。それは、**人間の記憶というのは「色」「形」で決まる**ということ。さらにいえば、色も形も常に同じものが、より記憶に残りやすいのです。次に覚えてもらいやすいのが、形が違っても色が同じもの。その次が、色が違っても形が同じもの。最も記憶に残りにくいのが、色も形もいつもバラバラなものです。整理すると、**記憶に残りやすい順番は次の通り。**

- **1位：色も形も同じ**
- **2位：色が同じ、形が違う**

・3位：色が違う、形が同じ
・4位：色も形も違う

これを証明した実験があります。「赤色スカート↓女子トイレ」と「青色スラックス↓男子トイレ」、これがトイレのマークですが、このマークは日本だけではなくて多くの国で共通のものです。

では、逆にしたらどうなったか？　「青色スカート↓女子トイレ」「赤色スラックス↓男子トイレ」と変えてみると、100％の人が間違えたのです。男性は女子トイレに入り、女性は男子トイレに入っていきました。しかも、なんの躊躇もなく。ここでわかることは、「赤は女性トイレの色」「青は男性トイレの色」だと刷り込まれているということです。

これはそのまま**「勝ち続ける服選び」に応用することができます。**結局のところ、ビジネスを成功させるために必要なのは「刷り込み」。

特にこれからの時代は、何を扱うかも大事ですが、誰が扱っているのかがいっそう影響を及ぼすことになるので、経営者でもサラリーマンでもフリーランスでも、自分をブランド化することが勝ちつづける秘訣なのです。**ブランド化とは、周囲への刷り込みの技術**ともいえます。

保険や車のような高額な商品でも、お菓子や缶コーヒーのような安価な商品でも、真っ先に思い出してもらえる存在にならないと厳しいのです。今は非常に多くの似た商品であふれていますから。このことは商品に限らず、人間だって同じなのです。忘れられた人には、誰からも声がかかりません。

スティーブ・ジョブズ氏は、色は黒、形はタートルネックで常に記者会見に臨み、その様子が何度となくあらゆるメディアで流れることで、世界中の人の記憶に刷り込まれ、ブランド力が強くなっていったのです。

色とは自分のイメージカラー。ただここで注意をしたいのは、好きな色ではなく似合う色でもなく、「価値の伝わる色」を選ばないといけないということ。

そして形とは、服の形。シーンによって、スーツ、カジュアルなジャケット、Tシャツなど、どれを選ぶか？

ただ**形には、「体のシルエット」も含まれる**のです。太ったり痩せたりすると形が変わるので、覚えてもらいにくくなります。仕事で成功したいのなら体型維持をしたほうがいいのは、健康や見栄えのためだけではなく、**常に同じ体型で人の記憶に残すため**でもあるのです。

以上からビジネスを成功させるためには、自分の色、形を決めましょう。そして大切な場面では常にその色、形をまとうこと。プロフィール写真やＳＮＳの写真を、その色と形にすることも有効です。そんな意識になると、その色と形がだんだんと刷り込まれ、服が語り始めるようになり、人の記憶に残り出します。

言い換えれば、自分の見栄えを商標登録するようなもの。商標登録された商品の色や形は簡単に変わりませんが、同じように**自分の見栄えも商標登録通りにキープしてください。**

これが攻めの第一歩です！

最強の３つのステップで、稼ぐ見栄えを作り出せ！

前項で「自分の色と形を決めること」と書きました。ただし、**今の自分に合う色と形で**

はなく、「将来なりたい自分を演出する色と形」にしないといけません。将来の自分を想像し、その理想の自分ならどんな服を着ているのだろう?と逆算していくことが必要になります。

ではその将来の自分を、どう設定していくのか? 今まで私が試行錯誤してきた中で、次の**3つのステップを踏めば、将来の自分像を具体化できる**ことがわかってきました。

【ステップ1】自分から見た自分(ミッション)
【ステップ2】他人から見た自分(キャラクター)
【ステップ3】理想となる将来の自分(キャッチコピー)

「【ステップ1】自分から見た自分(ミッション)」とは、**仕事に対する想い**のこと。仕事を通して、「どんなことを実現したいのか?」「誰のどんなお役に立ちたいのか?」「何のために仕事をしているのか?」……、そのようなことです。

実は私、サラリーマン時代こんなことを考えたのは一度もありませんでした。仕事の目的といえば、成果を出して給料を上げてもらうこと。そして、いい生活ができればいい。仕事とは生活を安定させるためのお金を稼ぐ手段、くらいにしか思っていなかったのです。

でも自分で会社を経営するようになってからは180度変化し、むしろこの想いの部分しか考えなくなりました。なぜなら、こうした自分の軸や使命がないと、長い間モチベーションを高く保ったまま仕事を続けることができないからです。

終身雇用も年功序列も崩壊した現在、さらに価値観が多様化する中で、個人がプロフェッショナルになることが求められています。経営者でもサラリーマンでもフリーランスでもミッションを持ち、ミッションに沿って生きることが大事なのです。

「自分の使命は何か？」を考えるだけで、**仕事にも違いが生まれてきます。**ですからまずは、ミッションが何かを考えてみてください。ミッションを見つけるヒントは、どんなモノやサービスを扱っているかではなく、モノやサービスを通じて誰のどんな役に立ちたいのか？を考えてみることです。

次に「【ステップ2】他人から見た自分（キャラクター）」。これは、**他人からどう見られているのか？**です。

ビジネスというのは他者評価がすべて。いくら自分では美味しいラーメンを作っていると思っていても、他人から美味しいと感じてもらわないと繁盛するお店にはなりません。

出世する人は、自己評価と人事や上司による他者評価が一致している人です。自分でも美味しいラーメンだと思うし、他人からも美味しいと思ってもらえているということ。

すなわち、自分が長所だと思っている部分が、他人からも長所と思われていることが大事なのです。とはいえ、自己評価が低かったとしても、**他人から評価されていたらそれは立派な長所**になり得ます。

ですから、**自分の長所や価値を周りの人に聞いてみましょう。**すごく意外なところが評価されていたり、逆にされていなかったり、いろいろな気づきがあるはずです。

人間は他人のことはものすごくよくわかりますが、自分のことこそ最もわかっていないのです。他人の目を気にするというのではなく、冷静な他人の目を借りて自分の価値に気づきましょう。そして他人から評価されていることを、そのまま自分の長所として認識すればいいのです。

そして**聞く時のコツは、「どんな時に長所を感じたのか？」を確認すること。**いきなり「長所は？」と聞かれてもパッと答えるのは難しいもの。「長所ねえ……、一生懸命なところかなぁ」みたいになることが多いと思うのですが、そこで「どんな時に一生懸命だと感じたのか？」も聞きましょう。すると、どんな一生懸命さが評価をされているのか？がいっそう見えてくるはずです。

最後に、**1番目の（ミッション）と2番目の（キャラクター）を合わせ、「【ステップ3】理想となる将来の自分（キャッチコピー）」をつけてみましょう。このキャッチコピーが、将来の理想像そのもの**です。

自分にしっくりくるような、見ているだけでワクワクするようなキャッチコピーができたらしめたもの。そのキャッチコピーにふさわしい所作、見栄えにすることで、自然とその将来の理想像に近づいていくのです。そこで、服の力も利用することになります。

キャッチコピーを作る上で最も大切なことは、**自分が心から望んでいるかどうか。**いくら格好いいキャッチコピーができたとしても、自分が心底望んでおらず、誰かの二番煎じであったり、他人から望まれているだけのものであれば、ウソの自分を演じつづけないといけなくなってしまいます。

以上の流れを、私を例にして説明してみます。

【ステップ1】の（ミッション）は、「装いから生まれる自信を届けること」。私の仕事はスーツを中心とする服を仕立てることですが、仕立てること自体が目的ではありません。服というのは、着る人にいろいろな変化をもたらしますが、一番大きいのは内面の変化。着ている服次第で気分が晴れやかになったり、自信が生まれたりします。私自身も、こんな体験をたくさんしてきました。装いから生まれる自信を届け、より充実した人生を歩んでいただくお手伝いをすることが、私のミッションになります。

【ステップ2】の（キャラクター）は、「決めたことは絶対にやりぬく努力家」。自分の長所が何なのかを周りの人に聞くと、「末廣さんはマジメだね」という返事がすごく多かったのです。そこで「どんな時にマジメだと感じますか？」と聞くと、「ブログでもニューズレターでも、決めたことをずっとやり抜く力は本当にすごい。努力家だと思うよ」と言われるのです。内容が薄い時もよくあるので続けていること自体はそんなにすごいことだとは自分では思わないのですが、周りから評価されているということはそういうことなんだろうと、愚直にやり抜くところを自分の長所と、今はとらえるようにしています。

そしてこの2つを合わせて、自分につけたキャッチコピーが「輝く人生を仕立て上げる、日本唯一の経営者専門スーツ仕立て屋」。ミッションである「装いから生まれる自信」を届け、最終的には人生そのものを〝仕立て上げる〟ようなお手伝いを〝マジメにやり抜く〟。そんな想いを込めて、自分につけました。このキャッチコピーをつけたのが2012年。今から10年近く前のことですが、今でも全く色褪《いろあ》せることなく、自分の軸として大切にしています。

自分の人生が映画化されたら、誰に主役を演じてもらいたいのか？

こんなふうに生きていきたいと思えるキャッチコピーができたら次は、**自分の人生が映画化されたら誰に主役を演じてもらいたいのかを考えましょう。**その主役はどんな服装をしていて、どんな言葉遣いで話しているのか？　クライマックスはどんなシーンで、見ている人にどんなことを感じてほしいのか？

そう考えることで、**すごく客観的に自分を見ることができる**のです。自分主体ではなく客観的に考えたほうが、自分に課せられた役割にふさわしい装いを考えやすくなります。自分主体で考えてしまうと、好き嫌いや、着心地がラクかどうかが入ってしまうので、理想の主役から遠ざかってしまうのです。

例えば、理想の主役が織田裕二さんだとします。そこでもっと具体的にするために次に考えることは、

『東京ラブストーリー』の織田裕二さんなのか？
『踊る大捜査線』の織田裕二さんなのか？
『外交官　黒田康作』の織田裕二さんなのか？
『SUITS／スーツ』の織田裕二さんなのか？

監督はその役柄にふさわしいセリフをあてがい、衣装係はその役柄にふさわしい衣装を用意します。そのセリフや衣装を使って、俳優は作品や役柄によって別人格になりきります。役柄によって着ている服も違えば、話す言葉もまるで違います。自分の人生を演じてもらうなら、どの作品の時のどの俳優さんなのかを考えてみるのです。

そして俳優さんも作品もなんとなくイメージできたら、どんな服を着ていて、どんなセリフで話しているのかなどを実際にチェックしましょう。すると服の選び方に革命が起こり、**服を選ぶ時間が自分の理想の人生を作るためのすごくクリエイティブな時間に変わっていくのです。**

あとこれ、すごく大事なのですが、**似合う・似合わないなんて全く考える必要はありません。**似合うかどうかを考えすぎると、理想の将来像から遠ざかってしまいます。

また私を例にしてしまって恐縮ですが、自分の理想の主役は、『ゴッドファーザーPARTⅡ』で両親の復讐を果たしに行く時のロバート・デ・ニーロ氏。この役柄で茶色のスリーピースをまとっているのですが、私も実際に同じ服を着ています。

この役が大事にしていることの一つに、何があってもやり遂げることがあると思うのですが、まさにこれこそ私の（キャラクター）である「決めたことを絶対にやり抜く努力家」。

そして茶色という色にもちゃんと意味があります。茶色は土の色。仕立て屋という仕事を通じて、お客様を下からしっかりと支える安定した土のような存在でいたいと思っています。

「色とはメッセージ、形とは役割」と一般化できると考えています。私の場合は、色は茶色で、形はスリーピースとなります。

見栄えに投資した金額の100倍が、年収として跳ね返ってくる

前項で最後に触れた「色とはメッセージ、形とは役割」を、ここでは解説します。

まずはメッセージを色に変えてみましょう。次の8個の中から、最も伝えたいメッセージを選んでみてください。

1）信用、信頼
2）落ち着き、安定
3）癒やし、穏やか
4）爽やか、若さ
5）力強く外交的、リーダーシップ
6）優しさ、幸せ
7）親しみやすさ
8）調和、冷静沈着

答えを先に出すと、**それぞれのメッセージを伝える色とは、**

1）信用、信頼↓紺
2）落ち着き、安定↓茶色
3）癒やし、穏やか↓緑
4）爽やか、若さ↓水色
5）力強く外交的、リーダーシップ↓赤
6）優しさ、幸せ↓ピンク
7）親しみやすさ↓黄色
8）調和、冷静沈着↓グレー

なぜ信頼や信用を伝えるのが紺で、癒やしや穏やかさを伝えるのが緑なのか？　実は色にはそれぞれ役割があり、色によって伝わるイメージがあるのです。

このことを最もわかりやすく表しているのが「スーパー戦隊シリーズ」。男の子なら一度は絶対に観たことのある何十年も近く続く人気シリーズです。『秘密戦隊ゴレンジャー』に『地球戦隊ファイブマン』に、最近だと『機界戦隊ゼンカイジャー』。

メンバーの数とか色とか女性メンバーが増えるとか様々な変化はありましたが、唯一変わっていないことが一つだけあるのです。それは、「主人公（リーダー）の色は必ず『赤』」。色の役割が時代を越え、普遍的であることを表しています。赤の持つイメージは、「情熱的」「強烈なエネルギー」「活発、勇気」。まさにリーダーシップに必要な要素ばかり。

「スーパー戦隊シリーズ」では実際に役割として、このようになっています。

- サブリーダーとしてメンバーから信頼の厚い「青」
- ムードメーカーで優しい「黄」
- 動物や自然をこよなく愛する「緑」
- 紅一点の「ピンク」

ここで**考えないといけないのは、「未来の理想の自分=伝えたいメッセージ」に合っているのは何色か、ということ。好き嫌いではありません。色で戦略的に自分のイメージを作っていくのです。**これこそが自分ブランド作りであり、未来から逆算したポジティブな服選びの方法です。

とはいえ、例えば自分の色が緑だとして、上から下まで緑にする必要はありません。ネクタイやポケットチーフ、インナーのニットやTシャツなどに緑を使ってみるのです。**ポイントで使うことで、よりその色が効いてきます。**

さらに大事なのは、**上半身で使うこと。**例えば靴だけを緑にしても目立たないので、メッセージは伝わりにくいのです。

次に形です。これはドラマ『相棒』を観てもらうとわかりやすいのですが、上司の水谷豊さんはスリーピース・ネクタイ・サスペンダー、相棒の反町隆史さんはスーツにノーネクタイが定番スタイルです。

仮にこれが逆だったとしたら、どうでしょうか？　違和感を覚えるはずです。役割には役割にふさわしい装いがあるということです。

ビジネスファッションを**フォーマル度の高い順番から並べていくと、**

1）スリーピース＋シャツ＋ネクタイ
2）スーツ＋シャツ＋ネクタイ
3）単品ジャケット＋シャツ＋単品スラックス＋ネクタイ
4）スーツ＋シャツ（ノーネクタイ）

5）単品ジャケット＋シャツ＋単品スラックス
6）シャツ（Tシャツ、ポロシャツなど含む）＋単品スラックス

この6種類になります。

ドラマ『相棒』でいえば、水谷豊さんは1）、反町隆史さんは4）。

ここでも大事なのは、将来の自分に近い形を選ぶこと。とはいえあまり先だと想像がしにくいので、**3年くらい先の理想の自分にするのがいい**でしょう。


例えば3年後の自分は、10人をまとめるリーダーで、信頼感を獲得しながらも、若さを武器にチームを引っ張りたい！と思っていたとします。まずは色を決めます。信頼感は紺、若さは水色です。次は形の選定。チームリーダーとしては5番くらいのフォーマル度かなと思えば、単品ジャケット＋シャツ＋単品スラックス。紺のジャケットに水色のシャツ、下はチノパンを着よう！といった感じで決めていくのです。

あるいは3年後の自分は、冷静と情熱を兼ねそなえた会社役員として、会社の顔になっていきたいと考えたとしましょう。まずは色から。冷静さを感じさせるのはグレー、情熱は赤です。次に形。重厚感をとにかく強く出したいのであれば、フォーマル度は1）のスタイルとなります。以上から、グレーのスリーピースに白いシャツ、赤のネクタイというふうに決定していきます。

こうした服選びは、未来の自分への投資そのものです。

ところで、商品やサービスを享受する際にお金を払う場合、消費、浪費、投資の三種類が存在します。

消費は例えば、水道、ガス、電気など最低限必要な公益的なものになり、「費用（使ったお金の額）＝得られる価値」となります。

浪費は説明するまでもないでしょうが無駄遣いのことで、見栄やストレス発散のために贅沢三昧をすることなどです。「費用＞得られる価値」に終わります。

そして最後の投資です。現時点では高くつくかもしれませんが、資格や語学の習得のための習い事、フィットネスクラブでの健康増進など、将来にわたって見返りが期待できる行為が該当します。浪費と真逆で、「費用＜得られる価値」が成立します。

本書のテーマである仕事を成功に導く服装も、まさに投資に入ります。

そして、創業以来12年間で延べ1万5000名以上のビジネスマンを見てきて、わかったことがあります。それは**スーツに投資する金額の100倍が年収になるという事実**です。

「スーツに10万投資する方は、年収が少なくとも1000万」

「スーツに25万投資する方は年収は少なくとも2500万」

信じられないでしょうが、これは**怖いくらいに共通していました。**

私のお客様には、あらゆる職種の方がいらっしゃいます。年齢も職種もバラバラなのですが、すべての方に共通していたのが、この法則だったのです！

そこで計算して、実際に数値的にどのような状態になっているのかを検証しました。

例えば年収が1000万円の場合、月当たりの平均収入は約85万円。そこから税金や年金を引くと手取りが65万円になります。保険料が15万円と仮定し、家のローンや家賃が10万円、光熱費や食事代が10万円。その他諸々で10万円が引かれるとすれば、残りは20万円。そのうち半分である10万円を見栄えに投資するというのは、無理をしていない自然な額になりそうです。

稼ぐ見栄えを作るために、消費感覚や浪費感覚でビジネスファッションを選ぶことは、今日をもって終わりにし、投資感覚で選ぶようにしましょう!

みんな、YAZAWAになりきれているかい?

これまでお伝えしてきた流れで出来上がった自分の服は、もはや服という一言で片づくものではありません。自分の人生理念が具現化された生き方そのものといえます。

私はよく、**「ビジネスマンがまとっているのは、服ではない。理念です」**とお話しをするのですが、そういった感覚で服を着るたびに自分のミッションを思い出し、原点に立ち返ることができるのです。

ビジネスというものは常に順調ではありません、いいこともあれば悪いこともあります。体調がよい時もあれば、優れない時もあります。でもそういったことに左右されず、常にベストパフォーマンスを発揮できるのが一流のビジネスマンであると私は考えています。

歌手・矢沢永吉さんの印象的なお話があります。矢沢さんは何をするにしても、まず考えるのが「それってYAZAWAっぽいか?」。

矢沢永吉さんではなく歌手YAZAWAとしてならどう考えるか？を常に判断基準に置いているそうなのです。ツアーの際は必ずスイートルームに宿泊されるそうですが、ある時スタッフのミスでスイートを用意できず、そのことを伝えると次のように答えられました。

「矢沢は大丈夫だけど、YAZAWAならなんて言うかな？」

このエピソードを聞いて強く感じたのが、自分を客観視する大切さ。**常に自分自身を客観視できれば、「ビジネスマンとしての理想の自分像」にちゃんと向かっているのか？がチェックできる**のです。

理想の自分であれば、「どう考えるのか？」「どう行動するのか？」ずっと考えることで、ブレない軸ができ、言動に一貫性が生まれるのです。私の場合は、「自分が経営するイルサルトの顔としてどうするか？」を常に自分に問い続けています。

そして、**理想の自分になるために大切なのが「装い」**。なぜなら装いは所作や考え方に、大きな影響を及ぼすからです。「なりきりスイッチ」がONになる服装……、これこそ私が本書で最も伝えたかったことです。人生を変える運命の服との出会いがあることを、心から願っています。

おわりに

2020年の年明けくらいから、世間のニュースはコロナだらけになりました。そして1年半が経った今でもその状況には大きな変化はなく、世の中の常識が一変しました。当たり前に思われていた出勤も、テレワークが推奨され、職場まで行く必要がなくなり、多くの人が集まるイベントも軒並み中止や規模の縮小が求められ、不特定多数の人と会うことがリスクであると考えられるように変わりました。

人が集まることや、様々な場所に移動をすることが制限され、飲食業界や旅行業界は大打撃を受けています。そして私の働いている服飾業界もまた、大きな打撃を受けている業界の一つです。会社に行くから通勤用の服を買ったり、結婚式や何かのイベントがあるからそうしたハレの日用の服を買ったりしていたのが、そういう場が減ってしまったからです。

結果的に服飾業界も大苦戦となり、大きな会社が倒産に追い込まれたり、私がお世話になったワールドも次々にブランドを廃止し、事業規模を急速に縮小させています。服飾業界にはなかなか明るいニュースがないのですが、こうしたニュースを見る度に私も暗い気持ちになってしまいました。なぜかというと、もはや私の仕事は世間から必要とはされていないのだろうかと、今まで頑張ってやってきたことをすべて否定されたような気分になってしまったからです。

そして2020年4月に初めての緊急事態宣言が発令され、ステイホームが標語のように言われ始めると、お客様からのご予約がパタッと止まりました。創業してから12年間ご予約をいただかない日は1日もなかったのですが、予約なしが何日も続いたのです。もはや自分は誰からも必要とはされていない、これからどうしようか……。将来の不安しか感じなくなって、なかなか寝つけない日が一ヶ月ほど続きました。

しかし緊急事態宣言が解除されると、急にご予約の電話がまた増え出したのです。「なぜ予約をくださったのか?」を聞いてみると、多くの方がこう答えられました。

「この緊急事態宣言の中で人と会う機会がすごく減って、自由に会えることが当たり前ではないことや、人と会う大事さが身に染みてわかった。だから会うチャンスを、これからはもっと大切にしたい。そこで自分の身なりを再度整える必要性を感じている。それと、家にいる時間が長くなったり、オンラインでミーティングする機会も増えたりしたので、あの小さな画面の中で自分を表現しないといけなくなり、今までとは違った視点で装いをアップデートさせないといけないと感じています」

そんな話を聞いている中で、「自分のできることや、すべきことはまだまだある。このコロナの状況に合わせて、服を着る本当の意味や価値を世の中にもっと伝え、未曾有《みぞう》の危機ともいえるこの状況を打破するお手伝いをしたい！」と強く思うようになりました。

私の社会人生活での一番大きな変化である「起業」も、実は自分の見た目を変えたことがキッカケなのです。

起業直前は、それまでのビジネスマン人生の中では最も辛《つら》い時期でした。イルサルトを立ち上げる前、私は父親の経営する会社で働いていました。婦人服小売店を4店舗経営するのが父の会社ですが、その4店舗を巡回したり、商品を仕入れるために展示会に行ったりする仕事でしたが、その頃の仕事は全くうまくいっていなかったのです。

うまくいっていなかった理由がいくつかあります。扱っていたのがミセスの婦人服であまり興味が持てなかったことや、どこにいても何をしていてもそして誰からも、父親と比べられることに嫌気がさしていたこと。そして何よりも仕事に対する使命感がまるでなく、とにかく売上をアップさせさえすればそれでいいという考えで、マーケティングや事業計画の立て方などの勉強ばかりしていたのです。

でもいくら理論武装しても、誰かのお役に立ちたい！という肝心の想いがなければ仕事はうまくいきません。大きな会社であれば別かもしれませんが、父の会社のような小規模の場合は、仕事に対する想いや、お客様との関係性が浮き彫りに出てしまいます。

私はそんなことにも気づかずに現場も見ず、スタッフとの関係も大事にせず、とにかく理論と数字のみを追い求めていたのです。当然成果が出ることはなく、スタッフとの関係もどんどん悪化、私のモチベーションも下がり、あれだけ大好きだったファッションへの興味もまるでなくなり、洗濯して乾いた服を順番に着る生活。毎日ボーダーTシャツとデニム、スニーカーで仕事をしていました。

デニムってはいていてすごくラクではあるのですが、体型の変化がわかりにくいからついつい食べすぎてしまうのです。好きなものを好きなだけ食べ、飲みたい時に好きなだけ飲んでいると、58キロくらいだった体重が、気がついた時には70キロをゆうに超えていました。見た目なんて二の次、とにかく着ていてラクな服を着ておこう！というのが当時の私でした。

しかしその頃、妻と外出していた時に言われた言葉でダイエットを決意します。

「ベルト、端っこまで行ってるよ！　ちょっとヤバイよ……」

どんどん大きくなっていた私のお腹のせいで、本来であれば真ん中の穴で留まるはずのベルトが、一番外側の穴でギリギリ何とか留まっている状態になっていたのです。

そこで、当時流行っていたバナナダイエットにチャレンジします。朝バナナを食べる、ただそれだけの単純なダイエットですが、そこから1日のカロリーなんかも計算し始め、運動も取り入れて、半年ほどで10キロのダイエットに成功しました。

ダイエットに成功すると、意外な変化がありました。毎日が何だか、また楽しくなってきたのです！　生活にも張りが出てきて、またファッションにも興味が出始めていろいろな服を買うようになってきました。毎日ステキでいよう！　そんなふうに思えるように気持ちが変化したのです。

そうすると仕事へのモチベーションも上がってきました。マーケティングコンサルタント・藤村正宏先生の塾に参加したことがキッカケで翌年にイルサルトを立ち上げ、立ち上げた半年後には妻が妊娠していることがわかり、私の人生がどんどん変わっていきました。あの時にダイエットをしていなかったら、イルサルトを立ち上げることは絶対になかったでしょう。今でも悶々《もんもん》とした毎日を送っていたはずです。

ある意味、強制的に見栄えを変えたことで、私の人生はどんどん好転をしていきました。だから皆さん頑張ってダイエットしましょう！って話ではなくて（笑）、人間というのは外見にふさわしいように変わっていくことを、私は身をもって知ったのです。

自分の見た目がどうでもいいと感じる時って、どうせ自分なんか……、なんて否定的に考えることも多く、積極的に挑戦することもありません。すべてが面倒臭くなって、変化をするのが億劫になってくるのです。

しかし見た目が変わると、周りからの見る目が変わります。見る目が変わることで自分に自信が生まれてきて、所作が変わります。所作が変わると、本当に自分自身がそんな人間になっていくのです。

芸能人がどんどん変わっていくように、人は「見られている意識」があるとどんどん変化をしていきます。内面の変化はすぐには起きないですが、外見の変化はすぐに現れます。

そして外見が変われば、後を追うかのように内面も変化をしていくのです。

ファッションとはオシャレのためにするものと、長い間思われてきました。しかし、ビジネスファッションは違います。ビジネスファッションの持つ本当の力は「なりたい自分になれる魔法のツール」。だから服選びの常識とされていたことを捨て、理想の自分ならどんな服を着ているだろうか?と想像力をふくらませ、まるで未来予想図を描くように、自分の見栄えを戦略的に作り上げ、未来を自分で切り開いていくのです!

あなたの人生を変える運命の服が、あなたを待っています。そんな服との出会いがあることを、心からお祈りしております。

2021年9月

末廣徳司

【著者紹介】

末廣　徳司（すえひろ・とくじ）

◉――日本で唯一の経営者専門スーツ仕立て屋「イルサルト」代表。

◉――1972年、奈良市生まれ。早稲田大学卒業。ユナイテッドアローズ時代は、業界を代表する社内の服飾専門家から直接レクチャーを受ける。ワールド在籍時は、商品開発にかかわる全業務を経験し、１週間に５万点以上売り上げる大ヒット品番を連発し、会社の販売記録を更新。中国でのブランド立上げにも参画し、北京・上海を中心に100店舗以上の出店を行う。

◉――2009年に独立後は、スーツを通したブランド創りの専門家として創業以来12年間で、経営者、政治家、医師、作家、講演家、士業、芸能人、スポーツ選手などエリート15000名以上のスーツを仕立ててきた。日本経済新聞社が主催する経営者向けの着こなし術セミナーに登壇する傍ら、世界展開するブランド「トミーヒルフィガー」の商品開発プロデュースも行う。経営者に向けたブログ「ビジネスで成功する見栄えの作りかた」を10年間１日も休まず毎日配信中。

「日本唯一の経営者専門スーツ仕立て屋 イルサルト」
https://ilsarto.net/

装《よそお》いの影響力《えいきょうりょく》

15000人《にん》のエリートを指導《しどう》してわかった

2021年９月２日　第１刷発行

著　者――末廣　徳司
発行者――齊藤　龍男
発行所――株式会社かんき出版
東京都千代田区麴町4-1-4 西脇ビル　〒102-0083
電話　営業部：03(3262)8011㈹　編集部：03(3262)8012㈹
FAX　03(3262)4421　振替　00100-2-62304
https://kanki-pub.co.jp/

印刷所――シナノ書籍印刷株式会社

　ISBN978-4-7612-7564-8 C0034